KB141411

엣지 라이프

엣지 라이프

초판 1쇄 발행 2021년 4월 10일

지은이 김성일

발행인 조상현
마케팅 조정빈
편집인 황경아, 이영주
디자인 Design IF

펴낸곳 더디퍼런스
등록번호 제 2018-000177 호
주소 경기도 고양시 덕양구 큰골길 33-170
문의 02-712-7927
팩스 02-6974-1237
이메일 thedibooks@naver.com
홈페이지 www.thedifference.co.kr

ISBN 979-11-6125-302-2 03320

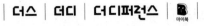

The Edge Life

흥미로운 변화를 이끌어 내는 힘

엣지
라이프

김 성 일 지 음

더디퍼런스

·들어가며·

평생 국립대학 교수로만 일하던 내게 조기 은퇴는 오래전부터 예정된 일이었다. 50세에 은퇴를 희망했는데 그땐 정리하지 못한 일들이 너무 많았다. 그래서 한 띠(12년)를 더 기다렸다. 나는 나 자신의 능력을 알고 할 수 있는 일과 못 할 일을 잘 가린다. 그래서 실패를 최소화할 수 있었다. 이 책은 성공의 뒷이야기를 담고 있다.

생긴 모습은 잘난 척하고 엄청 까칠한 도시 남자(까도남)이다. 하는 짓을 보면 엄청 사회적이고 그럭저럭 리더의 자질도 보인다고들 한다. 그런데 나의 얼굴과 행동에서 엿보이는 것들은 모두 거짓 정보(fake information)이다.

까도남 이미지는 나를 보호하기 위한 쉴드이다. 처음 만난 이들과는 말을 섞지 않고 눈길도 잘 주지 않는다. 나는 귀가 얇아 잘 속는다. 맘이 여려서 상처도 잘 받는다. 눈길을 주지 않는 건 남들에

별 관심이 없기 때문이다. 그래서 생긴 행동의 변화는 혼술, 혼밥으로 이어지는 혼생(혼자 생활)이다. 그래서 지금까지 살아남았다.

사회적 이미지는 먹고살기 위함이다. 방송을 꾸준히 했고, 국내외 대중 강연도 꽤 잘한다. 내 노래 음원도 냈고, 학회장이나 협회장 등 리더 역할도 다수 맡았다. 그런데 이게 다 교수로서 내 분야를 키워 나가기 위한 전략적 행동이었다. 나는 '강의나 강연 후에 엄습하는 허탈감'에 괴로워한다. 타인 앞에 서는 게 정말 싫다.

그런 의미에서 나는 진화심리학을 거스르는 사람이다. 인간은 집단체제에서 공존과 행복을 추구하기 위해 사람의 얼굴을 보는 순간 착한 사람과 사기 칠 사람을 구별하는 뇌의 발달을 꾸준히 이루어 왔다. 자기를 압도할 사람과 신뢰할 수 있는 사람을 정확히 가려낸다. 특히 여성의 뇌가 이런 기능을 위해 잘 발달해 왔다는 과학적 근거는 넘친다.

그런데 나는 내가 만난 여성들의 대부분을 첫 만남에 속여 왔다. 내 얼굴과 행동으로. 물론 오랜 관계는 모든 것을 다 알게 해준다.

남성을 속이기는 쉽다. 그들은 사람을 가리는 능력이 덜 진화했기 때문이다. 그래서 내 남성친구들은 내가 앞서서 속을 다 까 보인 사람들이다. 인생에 몇 명 되지 않는다.

어린 시절은 유약했고, 청년기 시절엔 멍청했다. 장년기에는 유니크했고, 노년기에는 성공했다. 이게 나의 간단한 이력이다. 이 책은 내가 노인으로 성장하는 과정을 적고 있다. 성장 수필이다.

하고 싶은 일이 정말 많았지만, 많이 포기하고 가려서 한 덕분에 시도한 것들은 대부분 성공했다. 아직 남은 일들이 조금 있어 더 재밌게 하며 살 거다.

유튜브 하고, 소설에 도전해 보고, 그리고 중고 포르쉐 한 대 사서 시골길이나 신나게 달릴까 한다.

·차 례·

1

엣지맨이
엣지 라이프를
사는 법

엣지맨

내 인생은 한마디로 '엣지 라이프'다. 우리말로 바꾸자면 경계 혹은 가장자리 인생이다.

생태학에서 엣지 효과(edge effect)란 식물과 동물의 서식지 경계지역은 깊숙한 내부보다 생물 집단의 구조가 다르고 다양하다는 의미이다. 숲의 경우를 보면 경계지역은 햇빛과 바람을 상대적으로 많이 받아 따뜻하고 다소 건조하게 된다. 햇빛을 많이 받으니 광합성이 활발해진다. 햇빛을 선호하는 양수(楊樹)에게는 신나는 일이다. 침엽수는 대부분 양수이다. 울창한 숲에 가려 자라지 못했던 키 작은 관목들도 맘껏 자랄 수 있는 환경이 된다.

산불이나 벌목으로 숲의 일부가 훼손되면 엣지 효과가 발동된다. 기존의 서식 질서가 흔들리면서 새로운 동식물이 나타난다. 곤충의 밀도가 달라지고 이를 먹이로 삼는 새들이 꼬인다. 노루 같은 초식동물은 신선한 풀을 먹으러 오고 이를 따라 포식자들도 늘어난다. 이게 엣지 효과다.

원형은 면적대비 엣지가 최소화되는 경우이다. 들쑥날쑥한 지역은 엣지가 길어지면서 그 속의 생물다양성이 늘어난다. 다양한 생물들이 들락날락하면서 새로운 생태계 질서를 만들고 성장한다.

나는 엣지를 좋아한다. 흥미로운 변화를 추구한다. 신선한 질서를 만들어 가며 호기심을 자극하는 성공을 갈구한다. 나는 엣지맨이다.

성공을 위해 가운데로 모이는 구심력 인생, 즉 코어 라이프(core life)가 아니라, 불확실하지만 미래를 위해 밖으로 뻗어 가는 원심력 인생, 즉 엣지 라이프(edge life)가 이 책의 키워드다.

이 책은 허접한 나, 어린 엣지맨이 성장하면서 성공한 엣지맨이 되어 가는 모습을 보여 준다.

나는 어려서부터 마마보이였다. 아버지는 1913년생이시니 지금 생존하신다면 109세이시다. 내가 1958년생이니 내가 출생 시 아버지는 이미 만 45세셨고, 막내가 1963년생이니 그는 아버지 만 50세에 출생한 것이다. 함경북도 북청(北靑)이 고향이신 아버지는 단신 월남하여 재혼한 분이기에 자녀 다섯 명을 모두 늦은 나이에 갖게 되셨다.

어머니는 30년생으로 경북 상주에서 출생하셨다. 초등학교 구경만 해 보셨을 정도로 찢어지게 가난한 산골 가정에서 출생하고, 한국전 도중 인천에서 고철 넝마 장사를 하시던 아버지를 만나 가정을 꾸리신 분이다. 두 분 다 건강과 근면은 타고나셨으니 무엇을 하시든 언제나 열심이셨고 아프신 것을 거의 본 적이 없다. 내가 형제 다섯 명 중 부모의 좋은 DNA를 가장 많이 가지고 태어난 듯하다.

나는 인생의 방향설정에 내 희망을 우겨본 적이 거의 없다. 모두 부모의 결정을 나의 것으로 투영하고 순순히 수용하였다. 경쟁심으로 공부해 본 적 없고, 우월감으로 학교를 선택해 취학한 적 없으며, 직업과 결혼도 모두 부모의 결정을 따랐다.

17년의 나이 차이를 부담스러워하신 아버지는 자식들과 함께

외출하는 것을 싫어하신 것 같다. 아버지와 외식을 나간 기억이 없다. 항상 어머니께서 다섯 자녀를 데리고 가셨다. 어머니는 자신을 과부라고 생각하는 사람들이 많을 것이라고 항상 푸념하셨다. 아버지는 언제나 일하시느라 농장을 다니셨고, 집에 계실 때는 책을 읽으시거나 라디오를 청취하시며 시간을 보내셨다. 일, 독서, 뉴스… 이게 아버지의 일상이었다.

부모님의 내 인생행로에 관한 제안과 결정을 수용하는 대신, 그 속에서 나의 일을 적극적으로 찾았다. 인생의 방향이 옳은지 아닌지의 효과성(effectiveness)에 고민하지 않고 무엇을 가장 잘할지 효율성(efficiency) 극대화에 집중했던 모양이다. 공부를 썩 잘하지는 못했지만, 부모의(특히 어머니의) 조언으로 경복고등학교에 진학했다. 내심 경기고등학교에 도전하기를 희망했으나 어머니는 누이(당시 경기여고)의 과외선생을(역시 경기고 출신) 사주해서 내게 경기고는 이기적이고 서울고는 색깔이 불분명하니, 학교 전통과 동창 간 우애가 좋은 경복을 가라는 설득에 주저없이 결정하였다. 공부가 부족한 나를 설득하려 고생하신 거다.

경복고 진학 후 1학년 첫 시간에 담임 선생님께서 모든 학생에게 대학진학에 대한 꿈을 질문하시는데 나는 거침없이 서울대 농대 임학과라고 언급하였다. 당시 대부분의 학생들은 '대학은 서울대, 전공은 아직 못 정했습니다.'였다. 특히 농대를 가겠다는 소리는 나만 했던 것으로 기억한다. 동급생 모두 의아하게 생각하면서 나를 쳐다보았다. 나는 아버지의 직업이 곧 나의 미래 전공이라고 이미 판단하고 받아들였던 거다.

초등학교 들어가기 전부터 주말이면 꼭 농장에 갔다. 인생 방향이 그때 이미 결정되었나 보다. 아버지께서 양평에 농장을 임대해서 양묘 사업을 하셨다. 농장에서 개구리를 잡고 나비를 쫓던 생각이 난다. 뱀도 많이 잡아 보았다. 주변 숲도 혼자 헤매고 다녔다.

그 속에서 나는 나무도 서로 경쟁하고 죽이고 죽는다는 것을 봤다. 때로는 빛을 더 받기 위해 혹은 그늘에 숨기 위해 주변 식물과 경쟁하고, 물을 더 많이 얻기 위해 뿌리 싸움도 한다. 고아원이나 요양원, 재교육 시설 등 사회 안전망처럼 생태적 안전망은 없다. 낙오되고 경쟁에서 지면 가차 없이 죽는 처절한 투쟁이다. 장자크 루소의 '자연으로 돌아가라'는 인간의 천부적인 자연권인 자유와 평등의 보장을 강조한 것으로 보이지만, 그는 자연을 잘못 이해하고 있는 것 같다. 내가 그때 봤고 지금 보고 있는 자연은 아름다운 공생이나 평화로 표현될 만큼 녹록하지 않다. 난 어려서부터 숲을 많이 배웠나 보다.

나는(그리고 고3 담임도) 서울대 농대에는 수석 입학을 할 줄 기대했으나 수석은커녕 겨우 합격하였다. 당시는 계열별이라, 합격 후에 1년을 전공 없이 지내고 2학년 때 전공을 정하게 되었는데, 나는 당연히 임학과를 지원하였다.

대학원은 당시 아버지가 조림사업과 조경업을 동시에 하고 계셨기에 서울대 환경대학원 조경학과로 진학하였다. 뭐, 특별한 고민이란 게 없었다. 대학원 수학 중 아버지의 조언으로 미국 유학을 결정하였다. 또다시, 아무 어려움 없이 부모의 조언이 내게 최선이라 생각하고 받아들였다. 미국대학도 예일이 좋겠다는 아버지의 조언으로 결정하였다. 물론 유학비를 아버지가 주시니 따르는 게 당연하다고 생각하기도 했다.

미국에서는 예일대에서 산림환경학을 공부했다. 산림환경학은 말 그대로 산림과 환경학의 접목이었다. 인간과 야생동물의 갈등, 산림휴양과 국립공원들의 보호지역, 산성비와 산림보전 등에 대한 폭넓은 시야를 배울 수 있어서 너무 행복했다. 모든 게 당시 우리나라에서는 볼 수 없던 사회 현상들이었다.

텍사스로 대학을 옮겨 관광학을 공부했다. 내 공부는 국립공원을 대상으로 한 관광이었다. 4년을 정신없이 공부하고 귀국하였다. 조금 과장하면 하룻밤을 잘 자고 나니 대학원생에서 교수가 된 것이었다.

　여기까진 철저히 마마 파파보이였다. 스스로 부끄럽다고 생각해 본 적은 한 번도 없었고, 오히려 그걸 자랑스럽게 동료들에게 이야 기하곤 했다. 어머니는 어디서 들으셨는지 유학을 가려면 운전, 타 자, 영어는 필수라며 항상 준비할 것을 종용하셨다. 셋 다 어머니에 겐 보지도 들어보지도 해보지도 못한 아이템 아니었던가? 어디서 들으셨는지 내가 토플 시험을 보면 어머니가 가장 먼저 합격했는 지 떨어졌는지를 물어보신다. 난 신나서 어머니께 합격했다고 말 씀드린다. 어머니의 환한 웃음이 아직도 눈에 선하다.

　내가 경복고, 서울대에 합격해서 미국으로 유학을 가면 광화문 에서 덩실덩실 큰 춤을 추시겠다던 어머니가 지금은 노인성 건망 증으로 기억을 잘하지 못하신다. 아버지는 거의 이십 년 전에 돌아 가셨다. 항상 두 분께 너무너무 감사하며 살고 있다.

　다시 말하지만, 엣지맨은 중심을 행하지 않는다. 권력과 자리를 추구하지 않는다. 항상 원심력의 삶을 추구한다. 서울대 교수 시절, 나의 모토는 새로운 일과 연구를(내 분야에서 잘 해보지 못한) 첨단에 서 수행하고, 성공하게 되면 곧이어 다른 대학·교수들이 유사한 프로젝트를 수행하도록 자리를 비켜 주는 것이었다.

서울대생은 고시를 추구해서는 안 된다고 항상 생각했다. 물론 전혀 하지 않을 수는 없지만. 미래 기술을 개발하고 외국으로 진출하고 국제사회에 걸맞은 일을 해야 민족의 대학이라고 생각했다. 일본처럼 동경대가 정부 고위직(과장 이상)의 대부분을 차지하는 일은 정말 바람직하지 않다고 아직도 믿고 있다.

나 엣지맨은 학력과 경력이 다양하다. 임학에서 시작해서 조경학을 거쳐 산림환경학 그리고 관광학으로 마무리했다. 이쯤 되면 다양한 학위를 좇는 학위 사냥꾼, 즉 degree hunter라고 해도 지나치지 않다. 국립대학에 두 번이나 공채로 입사했다. 행운아인 셈이다. 그 뒤로도 내 인생은 다양하고 극적인 경력 추가와 이벤트의 연속이었다. 교수, 국가위원회 민간위원, 환경운동가, 농촌지역 봉사자, 방송인, 국제기구 이사. 매년 분주했다. 은퇴 후 지금은 작가이자 유튜버이다.

그래서 내 인생은 끝없이 경계를 확장해 나가는 엣지 라이프이고 나는 그것을 추구하는 엣지맨이다.

02

성공습관

40대에 읽은 스티븐 코비(Stephan Covey)의 〈성공하는 사람들의
7가지 습관(Seven Habits of Highly Effective People)〉만큼 나의 인
생 전반에 영향을 준 책은 없다. 아마 10번은 읽고 들은 것 같다.
처음엔 번역본으로 만났다. 그리고 영어 원본으로 다시 읽었다. 여
행이 잦았던 시절이라 Audible[1](저자가 직접 읽어 주는) 책으로 영어
공부 겸 또 들었다. 읽고 또 읽어도 다시 배움이 있는 책이다. 철학
이 아님에도 철학처럼 다가왔다.

책에 실린 7가지 주옥같은 습관 중에 나는 세 번째인 '최우선순

—— **1** 애플사의 오디오북 포맷

위부터 시행하라(Execute on most important priorities.)'를 항상 마음에 품고 있다. 시급성과 중요도를 X-Y축으로 나누어 그린 뒤, 각각의 공간에 당신의 습관을 채워 보자.

덜 중요하지만 급한 일들이 있다. 저자 코비는 '산만한 일'로 규정한 이 영역에는 대표적으로 내가 젊은 시절 많이 받았던 전화가 생각난다.

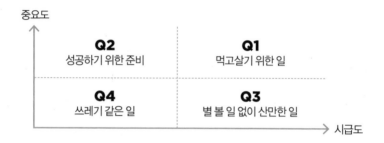

"성일아, 뭐 해? 빨리 나와. 여기 다 모였어. 너 보고 싶다는 친구들이 많네. 한잔하자구. 1시간 내로 무조건 나와!"

도무지 만나서 할 말도, 그래서 얻을 것도 없는 모임은 항상 급하게 만들어지고 급하게 초대받는다.

그러면 마음만 급해진다. 급히 뛰어나갔지만 아무도 내게 진지한 관심은 없다. 술자리는 머릿수가 많아지면 시끄럽고 과음하는 것 이외엔 아무 의미 없는 그야말로 별 볼 일 없는 산만함뿐이다.

중요하지도 급하지도 않은 일들도 있다. 저자는 '쓰레기 일'로 규정한다. 성공하는 사람들이 서둘러 쓰레기통에 버리는 일들이다. 쓸데없이 뒷담화 하기, 멍청히 TV 보기, 거기에 TV 보며 남 욕하고 맥주 마시기, 멍청하게 게임 하기, 멍청하게 멍때리기 등이 여기에 해당한다. 이걸 줄이지 못하면 성공은커녕 잘못하면 쓰레기 인생을 살게 된다.

중요하고도 급한 일들이 있다. 이건 '먹고살기 위한 일'이다. 학생은 공부를, 직장인은 주어진 과업을, 교수는 강의를 잘해야 한다. 그냥 잘해야 한다. 안 하면 그 자리에 있으면 안 되는 사안이다. 이걸 무시하면 폐인이라고 불린다. 길거리에 나앉는 무능력자가 되는 거다.

마지막은 중요하지만 급하지 않은 일이 있다. 코비는 '효과성 (effectiveness)'으로 정의한다. 효과성이란 화살을 잘 쏘되 남의 과녁이 아닌 내 화살 과녁에 제대로 적중시킴을 의미한다. 아무리 명사수라도 남의 과녁을 향해 쏘면 한심한 일이다. 인생에서 제대로 된 목적과 목표를 향해 나아감에 필요한 효과적인 일을 의미한다. 어떤 일들일까? 인생의 성공을 준비하는 일들이다. 코비는 미국의 성공한 대기업의 CEO를 조사하였는데, 이들 삶의 24시간 중 절반 이상을 '선제적 과제, 계획과 예방, 창조적 구상, 관계 설정, 배움, 그리고 휴양'을 꼽았다. 더 쉽게 표현하면 운동, 미래 구상, 독서와 여행, 그리고 긍정적 대인관계를 의미한다. 그럼, 일은 언제 하느냐고 물으면 당신은 이미 멍청이로 분류되기 직전의 사람이다. 성공한 그리고 성공할 사람들에겐 '쓰레기 일'이나 '산만한 일'이 이미 100% '효과성 있는 일'로 변환된 거니까. 먹고살기 위한 일은 이미 다 해결된 상태이다. 먹고살기 위한 일을 더 열심히 한다고 해서 더 성공하는 것은 아니라는 말이다. 경제학의 한계효용체감의 법칙이 여기에도 적용된다. 약간 변형해서 법칙을 적용해 보자. 내 농장에 비료를 뿌리면 수확이 증가한다. 그러나 비료를 마구 뿌린다고 수확이 비례해서 증가하지는 않는다. 어느 순간부터 수확 증가는 멈추고 오히려 감소할 수도 있다.

무의미하고 급한 일로 시간을 소비한다면, 남은 시간 날밤 새우고 무작정 일한다고 성공하지 못하는 걸 설명해 준다.

나는 게임을 하지 않는다. 나는 멍청히 TV를 보지 않는다. 나는 의미 없는 말장난을 하느라 시간을 낭비하지 않는다. 나는 급한 전화를 받고 뛰쳐나가 소주 한잔 하는 일을 더 이상 하지 않는다. TV를 보더라도 드라마보다 시사 프로그램을, 영화보다 다큐멘터리를 본다. 술을 하면 집에서 조용히 혼술 한다. 결혼식장은 내가 주례를 맡은 경우가 아니라면 축의금만 송금하고 가지 않는다.

그 대신, 나는 끊임없이 운동한다. 대학 때 농구·테니스 학교 대표선수, 유학 시절 농구·야구 선수, 교수 시절 테니스 대학 대표선수, 마라톤, 인공암벽등반 등으로 몸을 다져 왔다. 시력이 나빠지고 순발력과 지구력이 현저히 떨어진 지금은 골프와 자전거를 즐긴다. 항상 미래를 생각한다. 나에게 과거란 없다.

머리가 좋지도 않지만 과거를 위해 비워둘 자리는 내 머리엔 더더욱 없다. 책을 쓰고 책을 읽는 것은 내 인생의 중요한 부분이다. 일주일에 한 권 읽는 것은 기본이다. 주로 전문 서적이나 역사, 전략서 등이다. 나는 국제기구에서 봉사하니 여행을 많이 한다. 주로 외국 출장이다. 1년에 10회 정도 외국을 간다. 많이 보고 배운다. 국제회의에서 좋은 분들을 많이 만나 귀중한 정보도 공유하고 그들의 삶을 배운다.

자, 이제 코비의 세 번째 습관을 실천해 보자. 그리고 효과적으로 성공해 보자.

조그만 성공이라도 습관적으로 하라.

메모의 존재

나는 메모한다. 고로 존재한다. 나의 메모는 99%가 디지털이다. 1%의 아날로그 수첩 메모는 순전히 급히 메모할 때만 사용한다.

나의 메모 버릇은 물론 문자중독에서 시작된다. 모든 게 문자로 시작되고 문자화해야 직성이 풀린다. 이런 나의 메모 중독은 1996년 팜 컴퓨팅 사의 〈파일럿〉[2]이라는 PDA가 출시되면서 꽃피운다. 별도의 운용체계인 팜 OS를 사용하는 이 기계는 최초로 들고 다니는 손바닥 위의 전자수첩이다. 정교하게 손 글씨를 디지털 문자로 전환해 주고 데스크톱 컴퓨터와 자료를 공유하며 나의 일정도

───── **2** 한국에서는 1996년 한메소프트사가 Palm 5000이라는 모델을 최초로 출시했다.

보여 준다.

지금 이렇게 말하면 스마트폰에서 너무 쉽게 할 수 있는 기능이다. 당연하다. 모든 것에는 기원이 있다. 스마트폰의 개인 자료 정리 기능은 1996년에 시작한 팜이 기원이다. 나는 1년에 팜 파일럿 한 개 정도는 잃어버릴 각오로 들고 다녔다. 모든 것을 기록했다. 그 기록은 지금도 갖고 있다. 물론 이제는 다시 아날로그인 종이 인쇄로. 팜 OS에서 Microsoft Windows OS로 그리고 지금은 애플사의 iOS를 사용하고 있는데, 이것이 운영체제의 변화로 데이터를 제대로 유지하기 쉽지 않았던 이유이다.

누군가와 일 년 만에 만날 약속이 있다 하자. 나는 그 사람의 이름을 검색어로 언제 어디서 만나 무슨 이야기를 했는지 찾아본다. 혹시 그의 생일이나 가족 사항도 확인해 본다. 물론 교수인 내가 그런 일을 굳이 할 일은 없다. 마케터도 아닌 내가. 그러나 그게 나의 취미이고 생활이다. 내게 와서 과거의 기억을 건드리는 이야기를 하면 즉시 확인 들어간다.

그러니까 1996년부터 지금까지 대충 달력과 전화번호부를 갖고 있다. 그 속에 누구와 뭘 했는지도 얼추 보관하고 있다. 전화번호는 1,500명 정도이다. 매년 지우고 지우니 그 정도이다. 5천 명

이상 갖고 있으면 구의원 될 자격이 있고 국회의원은 1만 명이 최소라는데 나는 그 정도까지는 아닌가 보다. 하지만 내가 가진 번호는 내게 의미 있는 번호들이다. 언제 만난 사람인지 정도는 적힌 번호들이다.

나는 그래픽 세대는 아니다. 그림으로 기록하고 정리하는 것에 익숙지 않다. 문자가 최고다.

1800년에 런던에서 콜카타로 메시지를 보내는 데 2년이 걸렸다. 당시에는 편지를 써서 배편으로 부쳤다. 배는 유럽과 아프리카의 서부 해안, 희망봉 주변, 아프리카의 동부 해안, 아라비아해 등을 모두 거쳐 돌아서 갔다. 당연히 모든 항구에 들렀을 거다. 1914년에는 런던에서 콜카타로 메시지를 보내는 데 한 달이 걸렸다. 수에즈 운하가 개통되었고, 증기선들은 지중해를 거쳐 홍해로, 그리고 나서 인도로 갔다. 크게 개선된 거다.

신뢰할 수 있는 항공 우편(아마 1950년대 또는 1960년대)의 등장으로 그 시간은 1주로 줄어들었다. 1980년대에 인기를 끌면서 비교적 저렴한 가격으로 배달된 급행 우편은 배달 날짜를 이틀로 줄였다. 페덱스(Fedex)가 주도한 획기적인 변화였다. 인터넷이 상업적으로 개방되면서 1994년경 전자 메일은 킬러 앱(killer app, 압도적 인기 상품)이 되었고, 사람들은 10분 내 배달 시간에 익숙해졌다.

그 후 카카오톡과 같은 인스턴트 메시징으로 이어졌다. 이제 메시지는 서울에서 샌프란시스코까지 약 100밀리초, 즉 1/10초 내에 전달된다. 정신을 차리기 어려운 발전 속도이다.

문자는 입력과 읽는 인터페이스가 관건이다. 키보드는 사치이고 음성 인식 기술(speech-to-text)은 너무 먼 기술이었다. 나는 삼성 플립2 같은 폴더형 폰을 사용할 때 운전하면서 왼손으로 문자 입력이 가능했다. 물론 화면을 보지 않고도. 항상 시간에 쫓기고 저장해야 할 정보는 늘 넘치니까. 화면의 문자는 일순간 눈빛만으로도 검색할 수 있었다. 순간 바라본 화면의 정보를 시신경이 소화하고 분석하는 능력을 항상 연습했다. 지금 생각하면 웃기는 일이다.

당연히 이제는 모든 것을 스마트폰으로 입력하고 검색한다. 애플사에서 개발한 인공지능 시리(Siri)를 사용하여 스마트폰과 말을 주고받는다. 그래도 나는 문자의 매력을 잊지 못한다.

나는 컴퓨터에 모든 정보를 체계적으로 정리한다. 모든 것이 디지털이다. 나는 종이책을 읽지 않게 된 지 거의 20년이 넘은 것 같다. 전문 서적은 PDF 문서를 아이패드로 읽고, 소설은 전자책 뷰어로 읽는다. 이동이 잦은 나는 종이책을 무겁게 갖고 다닐 이유가 없다. 읽으면서 검색할 수 있고 메모도 디지털로 가능하니, 다른 기기와 공유도 하고 향후 책 쓸 때 찾기도 용이하다. 전자책 뷰어는 전자 잉크 디스플레이를 장착하기 때문에 햇빛 아래서 볼 때, 종이보다 가독성이 훨씬 뛰어나다. 나는 지금도 침대맡에서 전자책을 거의 매일 본다. 보면서 잠이 든다. 여러모로 유용한 수면제이다.

내가 만든 보고서, 논문, 책 등은 물론 모든 개인정보도 모두 클라우드 저장장치에 보관한다. 그리고 내가 가지고 있는 모든 기기를 통해 접근한다. 나는 내가 어디서 무엇을 하고 있는지 드러내는 것을 썩 좋아하지 않는다. 나는 드롭박스에 100GB 이상의 다양한 문서정보를 어디서나 접근하니 내가 있는 곳이 곧 사무실이고 나의 일터이다. 영상정보 없이 100GB는 상당한 분량이다. 개인정보의 시큐리티 문제? 걱정하지 않아도 된다. 최근에는 클라우드에서도 비밀문서 보관소(Vault)를 제공한다. 비용이 걱정된다고? 1년에 10만 원 수준이면 충분하다.

그래서 나는 문자가 좋고 나는 메모한다.

메모는 나의 존재 이유이다.

역마살

나는 지금의 정보통신기술(information and communication tech-nology, ICT)이 너무 좋다. 나는 이미 25년 전인 1996년 미국 교환 교수 시절 한국에 있는 대학원생들과 비디오 컨퍼런스로 연구 회의를 시작했다. 지금도 내가 어디서 어떤 상황에서 일하고 있는지 아무도 모른다. 나는 움직이면서도 거의 모든 일을 수행하니까. 모두 모빌리티 기술 덕분이다.

얼마나 스스로 시스템 구축을 희망했던지, 1990년대 말에 서울 대학교 수원 캠퍼스의 내 연구실에 윈도용 PC, 윈도 NT용 서버, 그 외에 윈도 CE를 쓰는 모바일 디바이스 여럿을 갖추고 직접 운영하였다. 내 홈페이지를 갖고 있었고 이메일 서버도 설치해 사용하고 있었다. 당시 중국으로부터 한국에 해킹이 심했다. 한국을 해킹하려는 의도보다는 한국을 허브로 해서 미국을 해킹하기 위함이었다. 그런데 서울대학교의 서버가 그들의 손쉬운 타깃 중 하나였다. 인터넷 방어벽이 허술했기 때문이다.

하루는 국정원에서 전화가 왔다. 나의 윈도 NT 서버가 해킹당하고 있으니 주의하고, 방화벽도 제대로 깔고 보안을 위한 장치를 하라고 제안하였다. 나는 어안이 벙벙했다. 두 가지 측면에서다. 도대체 국정원에서는 어떤 재주로 내 서버의 내용을 낱낱이 알고 있는 것일까? 그리고 왜 중국 사람들이 내 서버를 공격한 것일까? 사실 그리 중요하게 생각하지 않았기에 특별한 조치를 취하지 못하였다. 일주일이 흘렀을까? 국정원에서 담당자가 다시 내게 전화를 했다. 짜증 섞인 목소리였다. 자기가 내 서버를 다 보고 있는데 왜 수정이 안 되는가 지적하는 것이었다. 소름이 돋았다. 그 뒤로 인터넷의 보안에 각별히 주의한다.

여러분, 네트워크상에서는 내 것이 내 것이 아님을 명심하시라.

나는 이메일을 실시간으로 사용한다. 이메일과 거의 모든 메시지에 알림 기능을 설정해 놓고 접수되는 거의 즉시 확인한다. 그리고 반응한다. 그러니 내겐 카톡이나 이메일이나 즉시성(즉각 반응하는 능력)의 측면에서 거의 다를 바가 없다. 모든 의사소통은 강의 중이거나 운전 중, 수면 중이 아니라면 항상 몇 분 내로 회신한다. 이런 나의 반응 태도는 국제기구 IUCN[3]의 이사직을 맡았던 경험이 한몫을 했다. 전 세계에서 인구 배분에 근거해 지역별로 선출된 이사들에게 스위스 글랑(Gland) 본부에 근무하는 사무총장은 수시로 의견을 구한다. 청구된 의결안에 대해 30명 가까운 이사들은 각자의 입장을 찬반 기권의 의견과 함께 본인의 생각을 덧붙여 회신한다. 대개 좋은 의견은 먼저 내는 사람의 몫이고 그 의견의 노출도가 가장 높다. 그다음은 '나도요!(I agree.)'가 된다. 이사들은 모두 기를 쓰고 먼저 의견을 내려고 시도한다. 나에겐 스위스와 한국의 8시간 시차를 극복하는 노력이 절실했다. IUCN의 사무총장을 비롯한 톱 관리조직들은 우리 이사들 의견의 내용과 반응 태도 등을 뒤에서 모두 관망하고 있으니 일분일초가 내 명성과 연관된다. 이사들에 대한 사무국의 평가와 명성은 차기 이사 선출 선거에 지대한 영향을 미친다.

---

3 세계자연보전연맹(International Union for Conservation of Nature and Natural Resources; IUCN)은 전 세계 자원 및 자연 보호를 위하여 유엔의 지원을 받아 1948년에 국제 기구로 설립하였다. 현재는 국가, 정부 기관 및 NGO의 연합체 형태로 발전한 세계 최대 규모의 환경 단체이다. 자원과 자연의 관리 및 동식물 멸종 방지를 위한 국제간의 협력 증진을 도모하며, 야생동물과 야생식물의 서식지나 자생지 또는 학술적 연구 대상이 되는 자연을 보호하기 위해 자연 보호 전략을 마련하여 회원국에 배포하고 있다.(위키피디아)

모빌리티는 단지 디지털에만 국한되지 않는다. 나는 결혼 후 평생 2.5년마다 이사를 다녔다. 미국에서도 또 한국에서도. 내 주민등록 등본은 아주 길어서, 최소 4장 이상이다. 주소를 외우거나 살던 곳의 순서를 알지 못할 정도로 이사를 다녔다. 나는 현대판 노매드(nomad), 즉 방랑자인 거다.

한국 사람들 대부분은 재산의 80퍼센트가 집이다. 집을 묶어 놓고 돈을 번다는 건 거짓말이다. 불가능하다. 그래서 정부의 부동산 정책과 부동산 시장의 싸움으로 널을 뛰는 요즘, 영혼까지 끌어모아 집에 투자하는 꼴을 보게 되는 거다.

미국 Texas A&M 대학 유학 시절이었다. 당시 해양학과 박사 과정에 있던 현재 C대 박교수의 투자 감각에 깜놀했던 것이 기억난다. 그는 신혼 때 부모님의 지원으로 잠실에 20평짜리 아파트를 샀다. 당시 그가 샀던 주공아파트는 상대적으로 저렴했다. 유학 와서 매년 전세금을 조금씩 올려 유학자금으로 활용하고 귀국하니 아파트 가격이 상승한 거다. 편히 팔고 전세금을 내줘도 돈이 남는다. 그 돈으로 교수 초년 시절 정착금으로 사용하였다는 거다. 이 이야기는 물론 압축성장 시절의 이야기로 지금은 적용이 불가능한 이야기다. 단, 살 집을 통한 투자에 대한 조그만 아이디어를 준다.

내가 2년간 근무했던 충남대 시절, 대전 시내 한 대학의 지인 강교수는 대전 유성에 아파트 하나 구입하고 전세를 뒀다(이후 재개발됨). 그 돈에 대출을 끌어모아 다른 아파트를 또 구입했다. 그리고 자기는 직원 사택에서 조촐히 사는 거다. 나중에 교원주택조합으로 한 채를 더 얻었으니, 대전에 모두 세 채를 보유한 거다. 자녀를 세 명 둔 그분의 부동산 전략에 당시는 기가 막혔다. 국립대학교 공무원 신분이었던 나는 아파트를 투기(혹은 투자)의 대상으로 보는 것에 대해 강한 거부감을 느끼고 있었기 때문이다.

나는 집을 돈을 벌기 위한 수단으로 생각해 보지 않았다. 단, 두 아들의 학교와 내 직장에 유리하도록 자주 이동하였다. 잦은 이사는 불필요한 물건의 정리에 제격이라는 생각에서만.

나는 나이 40세에 정식으로 부모로부터 아파트 하나를 물려받았다. 집을 통한 본격적인 투자의 시작은 2000년 들어서부터였다. 당시 강남의 재개발 아파트 딱지를 샀다. 그리고 전세 살던 집을 비우고 학교 관사로 이사했다. 당시 관사는 무주택자만 가능했다. 그런데 재개발은 멸실조건(건물을 허물고 다시 건축하니까)이므로 무주택자 자격을 갖게 된다. 그렇게 3년을 학교 관사에서 보내게 되었다. 관리비도 거의 절반 값이고 출퇴근 비용도 거의 들지 않는 상황을 행복하게 즐겼다.

그사이 재개발은 마무리가 되었다. 재개발 후 희망 평수는 최대치인 80평으로 무리하지만 도전하였다. 구입한 20평형 딱지값 위에 수억 원을 3년간 추가로 불입하기 위해 많은 어려움이 있었다. 하지만 돌아온 수익은 엄청났다. 80평 아파트에서 3년간 살고 나서 전세를 내주고, 나는 다시 30평으로 전세를 나갔다. 차액은 모두 펀드에 투자했다. 당시 연간 10% 이상 수익이 날 때였다. 다시 2년 후, 80평은 매각했다. 5년간 이어진 노무현 정권의 부동산 정책 실수로 아파트 가격이 거의 배 이상 상승하였으니 더 이상 바랄게 없었다. 매매 차익으로 두 아들의 미국 유학이 가능하였던 거다.

나는 다시 같은 단지의 30평 아파트를 구입하였다. 나는 문재인 정권의 부동산 정책이 실패할 것을 예견했다. 과거 노무현 정권이 실패할 당시와 같은 사람이 정책을 주무르면서 자신감을 보였기 때문이다. 예상대로 아파트값이 폭등하였다. 이때 매각해서 또다시 꽤 커다란 차익을 챙겼고, 이것으로 미국에 와서 시골 주택을 구입해 살고 있다.

내 아내는 평생토록 이사 20번에 등골이 다 휘고 허리 병까지 생겼다고 항상 투덜거린다. 사실이지만 그 돈으로 아들 교육이 가능해졌고 또 우리 부부의 노후를 책임져 줄 주택을 마련했다. 뭘 더 바라겠는가?

항상 몸을 가볍게 하고 언제든지 집을 투자 기반으로 이동할 준비를 해야 한다. 평생 이사를 한 번도 안 갔다는 분들을 보면 집에 돈이 엄청 많을 거라고 생각한다. 그게 아니라면 2000년 한국을 뒤흔들었던 베스트셀러 '부자 아빠 가난한 아빠'에 나오는 불쌍하게 일만 하고 돈은 벌지 못하는 가난한 아빠임이 틀림없다.

내 철학은 집은 사는 곳이 아니라 돈 버는 대상이고, 집안 물건은 가급적 소유가 아니라 구독하는 거다. 물론 한국에서만 적용되는 이야기는 아니다. 전 세계가 비슷하다.

바보들은 이사를 다니지 않고 창고의 먼지 쌓인 보따리에 흐뭇해한다.

05

망각 인간

기억은 다양한 방식으로 뇌에 생성되고 저장된다. 개인적인 기억은 해마(海馬)라고 불리는 뇌의 부분에 며칠 동안 저장된다. 뉴런(신경세포)은 시냅스(synapse)를 통해 의사소통한다. 시냅스는 뉴런 사이의 간극을 통해 화학적 메신저를 주고받는다. 뉴런은 이런 방법으로 수천 개의 다른 뉴런과 연결된다. 뉴런은 끊임없이 시냅스 일부를 개조하거나 생성하면서 선택적으로 서로의 연결을 강화하며 기억을 인코딩하는 뉴런의 네트워크를 만든다고 한다. 기억이 자주 호출될수록 신경망이 강해진다는 거다.

그렇다면 가능한 한 기억을 호출하지 않으면 신경의 연결이 흐

려지는 걸까?

기억은 우리 자신을 만든다. 세상에 대한 우리의 이해를 형성하고 무엇이 다가올지 예측하는 데에 필요하다. 불과 10년 전까지만해도 뇌인지 과학자들은 잊어버리는 것이 햇빛에 색이 바래는 것처럼 사용되지 않는 기억들이 사라지는 수동적인 과정이라고 생각했다. 그러나 최근의 연구들은 뇌가 잊도록 만들어진 것이라는 혁신적인 생각을 내놓기 시작했다고 한다. 뇌의 표준 상태가 기억하는 것이 아니라 잊는 것이라는 말이다. 뇌가 잊기 위해 작동한다니 놀라울 따름이다.

그런데 나는 기억하는 것보다 잊는 것을 더 효과적으로 잘하는 것 같다. 그래서 나는 Homo Oblivious이다. 그렇게 스스로 진화해 왔다. 진화라는 의미는 나 스스로 뇌에 명령하며 의식을 주도한다는 의미이다. 비워야 채울 수 있다는 신념으로 계속 비운다. 특히 나쁜 기억을 먼저 비운다.

심리학과 마케팅의 중간 영역에 product shift라는 인간의 심리 행태가 나온다. 원하는 편익을 바꿈으로 만족을 높이는 전략이다. 간단히 이야기하면 이렇다. 돈 3,000만 원을 들고 자동차를 사러 딜러에게 간다고 하자. 맘속의 구매 목록에는 수입차도 포함되어 있다. 그런데 막상 딜러를 만나 물어보니 3,000만 원의 예산으로 살 수 있는 수입차 중에는 맘에 드는 게 없다. 자, 이제 어떻게 하나? 원하는 차를 사지 못해 억울하고 분통한 마음으로 귀가할 것인가? 아니면 적당한 수준에서 타협하고 좋은 국산차를 사야 하나? 보통의 사람이라면 행복 추구를 위해 수입차를 포기하게 된다. 그리고 행복함을 선택한다. 그게 프로덕트 시프트이다.

나는 시프트를 참 잘한다. 생존을 위해서. 뭐, 인생이 그리 길지도 그리 확정된 것도 없다. 닥친 일에 만족하고 행복하면 그 후에 더 좋은 일이 생긴다.

난 항상 내 머리의 메모리는 100MB라고 농담 삼아 말하곤 한다. 예전에는 훨씬 적은 100KB였는데, 지금은 1,000배 늘어난 것이다. 머리에 많은 것을 담고 다닐 필요가 없다고 생각한다.

내 머리는 항상 프레시하게 털어 내는 게 좋다. 무거운 기억은 컴퓨터에 저장하면 된다.

유학 시절, 바로 윗집의 동네 형님댁과 가깝게 지냈다. 그분 내외가 경기고와 경기여고 출신이었다. 형님은 서울대 공대를 나와 전자공학 공부를 하고 있었다. 우리 부부는 주말이면 어김없이 둘러앉아 식사와 술 한잔으로 고단한 유학 생활을 버텼다. 두 부부의 이야기 중에서 가장 재미있는 것은 부부싸움이었다. 인간관계에 민감한, 그리고 뒤끝이 조금 있으신 그 형님은 형수와 부부싸움을 한 후에 잠을 잘 못 주무신다는 것이었다. 그에 반해 형수는 싸움은 싸움이고 잠은 잠인 스타일이다. 형수는 아침에 일어나 "여보, 잘 주무셨어요?" 하고 인사한다. 그러면 형님은 그 소리에 더 화가 나서 씩씩거린다는 것이다. 밤새 뒤척거리는 자기와 푹 잔 형수 사이의 새로운 갈등이다. 나는 형수 스타일이다. 내 아내는 딱 형님 스타일이다.

인생을 살면서 갈구는 사람들이 참 많다. 나는 하고 싶은 일도 많고, 하는 일도 참 많다. 내가 뭘 하고 다니는지 다 아는 사람은 한 사람도 없다. 학교에서의 연구, 외부 용역, NGO 봉사활동, 국가위원회, 농촌 봉사활동, 방송일 등 일일이 나열이 어렵다. 이 모든 내 활동 영역에 나를 갈구는 이들이 있다.

나는 다 무시한다. 못난 사람들이 나를 갈군다고 생각한다. 그리고 잊는다.

나를 갈구는 사람들이 내가 시간을 두고 짜증을 내거나 화내는 모습을 기대했다간 크게 스트레스를 받을 것이다. 나는 그 자리에서 얼굴이 변하고 잔소리를 한다. 그뿐이다.

아일랜드의 시인 오스카 와일드의 문구가 떠오른다.

'항상 적을 용서하라. 그것만큼 적을 괴롭힐 수 있는 것은 아무것도 없다.(Always forgive your enemies. Nothing annoys them so much.)'

난 용서하지도 않는다. 아니, 못한다. 그냥 잊는다. 기억력이 나쁜가 보다.

나를 갈구는 놈들은 내가 갈굼을 당해서 괴로워하는 모습을 즐긴다. 나는 그들이 즐거워하는 모습을 허용할 수 없다. 내가 의식적으로 그러는 것 같지는 않다. 아마 뇌에 누적된 망각의 명령이 잘 작동하나 보다.

기억을 잘하지 못하고 잘 대해 주는 나에게 더 스트레스를 받는 것 같다. 뭐, 난 어차피 너를 신경 쓰지 않으니. 너는 내 타입이, 내 카테고리가 아니라고 하며 무시한다. 일부러 무시하는 것도 있지만, 내 부족한 머리 메모리에 그런 것을 넣고 있을 만큼 사치스러운 여유가 내게는 없다. 더 신선하고 재미있는 메모리가 이 세상에 널려 있는데, 왜 쓰레기 같은 나쁜 기억으로 내 머리를 채우나?

'망각이 없다면, 기억도 없는 거지요.(Without forgetting, we would have no memory at all.)'

캐나다 맥길 대학에서 기억학을 연구하는 올리버 하트 박사는 역설적으로 망각의 중요성을 지적한다.

나는 Homo Oblivious다.

그래서 행복하다.

06

The power to bring about
interesting changes

문자중독

교수가 직업이다 보니 다른 사람들보다 글을 더 읽고 더 쓰는 것은 당연하지만, 나는 문자, 정확히는 정보 중독증임을 자처한다.

매일 아침 나는 보통 5개 이상의 한국 신문과 3~4개의 영자 신문, 3~4개의 영문 잡지를 뒤적인다.

한국 신문은 〈조선일보〉, 〈중앙일보〉, 〈동아일보〉를 읽고, 이어서 〈한국경제〉와 〈매일경제〉를 본다. 신문을 읽는 방법은 가급적 사설부터 시작한다. 그리고 오피니언에 이어 칼럼들을 읽는다. 나는 사설이 지금 시대의 가장 뛰어난 글쟁이의 문장이라고 믿는다.

그것을 따라 하고 싶은 마음으로 읽는다. 지금은 하지 않지만 지난 수년간 큰 목소리로 읽었다. 문자의 구성과 단어의 선택, 중요한 이슈를 이해할 수 있다. 큰소리로 읽는 것은 강의를 위함이다. 큰소리로 읽으면 문장 내에서 시작과 끝, 쉬어가는 틈을 이해하게 된다. 아니, 스스로 익히게 된다.

대개 A4용지에 더블 스페이스로 글자 크기 12 정도로 쓴 원고 한 페이지를 읽는 데는 대략 3분 정도 걸린다. 스스로 읽기에 편한 속도를 알고, 원고의 분량을 예측하는 것도 중요하다. 내 경험상 발표를 시키면 주어진 시간 내에 못 끝내는 사람들을 많이 본다. 바보들이다. 약속을 어기고도 의기양양하다. 듣는 사람들을 실망시킨다. 연습이 부족함을 드러내는 일이다.

우선 사설을 보면, 신문별로 프레임을 알게 된다. 언론의 프레임은 흔히 정치인들이 못된 생각으로 만드는 프레임과는 전혀 다른 의미이다. 그들 나름으로 색깔을 보여 주는 중요한 맥락이다.

한 신문의 사설을 끝내면 이제 팩트 사냥이다. 최대한 편견 없이 벌어진 사건 사고에 대한 팩트를 이해하려고 노력한다. 첫 신문에서 30분이 걸리면, 두 번째는 20분, 그리고 마지막은 10분이면 족하다. 어차피 팩트는 같은 거니까. 물론 사건 사고의 폭은 다르지만.

경제지는 사설보다는 시장의 동향에 집중한다. 국내, 아시아, 미국 등 서구 시장의 움직임이다. 환율과 주가는 기본이고 특정 기업의 흥망에 관한 기사도 관심을 가지고 본다. 최근에는 미국과 중국의 무역마찰에 관한 기사를 민감하게 관찰한다. 미국 새 대통령의 정책 방향도 궁금하다.

처음엔 힘들어도 몇 년을 지속하면 경제·정치·사회면의 용어 흐름 등을 이해하게 된다. 물론, 끊임없이 스스로 묻고 답하고 또 검색한다.

그리고 영자 신문을 본다. 지금은 미국 내 가장 좌파언론인 〈뉴욕타임즈(The New York Times)〉와 〈이코노미스트(The Economist)〉를 본다. 〈뉴욕타임즈〉는 일일 요약을 이메일로 받아보고 〈이코노미스트〉는 직접 구독한다. 그 외에도 중도언론인 〈USA Today〉와 우파인 〈Fox News〉의 뉴스레터도 빠짐없이 탐독한다. 세계적인 미국, 영국의 신문을 보는 것만으로도 매일 아침 흥분된다. 기회가 되는 대로 소리를 내어 읽는다. 문장이 어려우면 눈으로 10번을 읽고 다시 소리를 내어 읽는다. 모두 이해하기는 아직도 어렵다. 단어는 전화기나 패드에서 직접 검색이 되므로 어려움이 없다.

매일매일 단어를 상당량 검색하고 외운다. 이런 것이 진짜 공부다.

특히 〈이코노미스트〉는 내가 선호하는 언론이다. 다소 중도에서 좌파 쪽에 가까운 프레임이라고 판단되는데, 사건 사고에 대한 취재와 분석이 눈부시다. 읽고 또 읽는다. 아마도 한 기사를 세 번 이상 읽는 것 같다. 주간지이면서 일간지 성격이다. 매일 업데이트하기 때문이다. 그리고 매일 그날의 사건 사고를 정리해서 보내 준다. 그래서 일주일 내내 기사를 읽는다.

이제 잡지이다. 나는 〈내셔널 지오그래픽(National Geographic)〉을 구독한다. 그리고 〈네이처(Nature)〉와 〈사이언티픽 아메리칸(Scientific American)〉을 검색하고, 기사별로 읽는다. 〈내셔널 지오그래픽〉은 주로 자연환경과 동물, 여행 위주다. 너무 재미있다. 〈네이처〉와 〈사이언티픽 아메리칸〉은 너무 깊게는 아니지만, 기사별로 내게 관련되는 것을 찾고 숙독한다.

그 외에도 플립보드(Flipboard) 앱을 통해 나의 관심 분야를 검색하고 읽는다. 과학, 정치, 경영 분야 등이다. 여기서 그날의 기후변화를 비롯한 핫한 기사를 모두 볼 수 있다. 물론 내 자의적인 검색은 아니지만, 충분히 만족한다.

이렇게 모두 검색하고 읽으면 최소 두 시간이 걸린다. 아침에 일어나 이른 식사를 하고 나면, 곧바로 문자와 싸움한다. 그저 읽기만 하는 것은 물론 아니다. 읽다가 좋은 내용을 발견하면 복사하고, 이걸 카카오톡 나와의 대화에 저장한다. 다시 보기 위함이다. 정보가 많으니 저장기술도 중요하다.

문자는 언론만이 아니다. 나는 책을 비교적 빨리 읽는다. 최근 구독 서비스가 아주 좋다. 나는 리디북스를 구독한다. 아주 최신간은 아니지만, 내가 원하는 수준의 책을 마음껏 읽을 수 있다. 일주일에 한 권 정도를 읽는다. 월정액으로 무제한 구독하니 다소 가볍게 읽는 분위기는 있다.

내가 선호하는 카테고리는 주로 국가 간 경쟁 혹은 전쟁의 전략 소설, 그리고 자기계발, 마지막은 소설이다. 나는 청년기에는 이청준, 이문열, 김진명을, 30~40대에는 미국의 마이클 크라이튼(John Michael Crichton)과 존 그리섬(John Grisham) 등 미국소설을, 그 후엔 대중없이 이것저것 가리지 않고 읽는다. 최근엔 〈진화심리학〉, 〈대멸종 연대기〉, 〈가짜 민주주의〉, 〈모두 거짓말을 한다〉 등 과학과 빅 데이터에 근거한 책을 선호하고 읽는다. 무서운 소설을 읽지 못해서 주로 인간 본성을 다루는 글을 보기 때문에 책 선택에 약간 어려움이 있다. 이제는 스스로 소설을 쓰는 소설가 역할에 도전하고 싶은 희망이 있다.

자기 전에 책을 들고 눈뜨면 언론을 붙잡으니 문자중독임은 분명하다. 그래서 너무 행복하고 하루하루 도사가 되는 느낌이다.

07

혼생족

나는 대체로 밥을 혼자 먹는다. 술도 혼자 마신다. 그리고 혼자 잘 논다. 혼자 생각하고, 생활하고, 생존하는 혼생족이다. 그 덕에 코로나-19 팬데믹에도 흔들리지 않고 살고 있고 또 많은 책도 저술하였다.

나는 아침 일찍 8시 전에 출근해서 조용히 혼자 일한다. 그리고 12시 10분 전에 혼자 식당에 간다. 12시 10분 정도면 식사를 끝내고 연구실로 돌아온다. 그리고 다시 혼자 일한다. 오후 4시면 퇴근하고 운동을 한다. 이게 나의 대표적인 평일의 일과이다. 토요일에 출근을 즐겨 한다. 조용한 캠퍼스에서 나는 자유를 맘껏 호흡한다.

일요일엔 아침 일찍 일어나 패스트푸드점에 간다. 고속터미널 근처의 아파트에서 수년을 살았다. 그때의 이야기다. 아침 6시 반에 맥도날드를 가도 사람들이 꽤 많다. 커피에 아침 식사를 곁들여 6,000원 수준이다. 돈의 문제는 아닌데 가성비가 워낙 뛰어나고 돈 없던 유학 시절 서럽게 먹던 생각도 나고 해서 자주 방문한다. 주변을 돌아보면 방금 가출한 듯한 어린 학생 몇 명이 구석에서 졸고 있다. 출근 시간에 쫓겨 급한 식사를 하는 이들도 있다. 나머지는 대부분 나이가 지긋한 분들이다. 모두 신문을 보거나 친구들과 조용히 환담을 나눈다. 그들의 생김새, 식사 속도, 옷차림 등을 바탕으로 그들이 무슨 일을 하는 사람들일까, 무슨 이야기를 할까, 왜 일찍 나와 친구를 만날까, 이런저런 생각으로 그들을 관찰하는 것이 너무나 재미있다. 막상 얼굴을 맞대고 묻고 대답을 듣기는 싫다. 그냥 나 혼자 상상하는 것이 훨씬 흥미롭다. 그 후엔 주로 책 읽기 그리고 운동하기이다. 난 정말로 따분한 사람이다.

나는 모임에 거의 나가지 않는다. 나가서 얻는 게 별로 없고 그래서 흥미가 생기질 않기 때문이다. 동문회, 친목회, 동호회 어디에도 나가지 않은 지가 거의 15년이 넘는다. 결혼식이나 장례식에도 거의 가지 않는다.

그러니, 지금 팬데믹으로 인한 록 다운은 내겐 전혀 어색하지 않다. 나는 작년 팬데믹 도중 한국을 세 차례 방문했다. 모두 급한 일 때문에 피할 수 없는 일정이었다. 입국 후 공식적인 자가 격리를 한 국에서 세 차례 했고, 돌아오는 길에 미국에서 또 세 차례 했다. 이쯤 되면 격리전문가라고 해도 되지 않을까? 많은 이들에게 자가 격리는 그 자체로 엄청난 부담이다. 격리 때문에 여행을 가지 못하는 사람들이 다수이다. 내겐 전혀 다른 이야기다. 교수로 재직 중에도 강의 시간을 제외한 대부분의 시간을 연구실에서 보냈던 나는 이미 20년 전부터 대면회의보다 화상회의를 즐겨 했고, 종이책 대신 전자책을 읽고, 단체 운동보다 개인 운동을 선호했으니 혼자 있음에 전혀 두려움이 없는 것이다. 게다가 최신 정보통신기술에 익숙하니까 다양한 앱을 통한 정보전달에도 능숙하고 적응을 잘한다.

사실 자가격리로 온종일 좁은 아파트에 갇혀 지내는 것은 고통이다. 아침 일찍, 그리고 늦은 밤에 아파트 단지를 돌곤 했다. 사람 만날 일 없는 시간에만 산책하니 그 정도야 허용되지 않겠나? 마스크에 모자까지 꾹 눌러쓴다면.

일본에서 유행했고 우리에게도 널리 알려진 TV 드라마 〈고독한 미식가(孤独のグルメ)〉는 주인공이 번화가가 아닌 교외의 고즈넉한 식당을 찾아다니며 혼밥을 하는 내용이다. 작가인 쿠스미 마사유키 씨는 나와 동갑내기이다. 그는 한 국내 신문과의 인터뷰에서

'나는 사실 소식가다. 여러 사람과 같이 먹으면 이것저것 음식을 맛볼 수 있어 그것도 좋아한다. 그런데 둘 이상 식사할 때는 상대를 신경 써야 한다. 대화도 하고. 이와 달리 혼밥을 할 때는 자유롭다(웃음). 어디를 갈지부터 뭘 먹을지, 옆에 있는 사람들은 어떻게 먹는지 등 여러 생각의 변화들이 춤을 춘다. 내 앞에 놓인 음식 한 접시를 보고 있으면 머릿속에 떠오르는 여러 가지 생각들이 있지 않나. 이는 정말 재밌는 것이다.'

마주 앉은 사람의 신경을 쓰느니 한 접시 음식에 담긴 의미를 느끼려 한다니 참으로 신기한 발상이다.

이분을 보니 생각나는 사람이 있다. 19대 국회의원을 지내신 길정우 의원이다. 미국 예일대 유학 시절 아래 윗집에서 살았던 인연으로 내겐 형님 같은 분이다. 항상 뭔가를 챙겨 주신다. 그분이 약 20년 전 일본에 언론사의 주재원으로 계실 때였다. 난 그냥 그분이 계신 동경이 궁금했고 길 의원도 나를 오랜만에 만나니 쾌히 나의 방문을 허락했다. 기간은 2박 3일. 그러니까 이번 여행의 테마는 혼밥족들을 따라다녀 보자는 거였다. 아침은 각자 집과 호텔에서 해결하고 하루 두 끼, 점심과 저녁은 최대한으로 즐기자는 거다. 길 의원도 당시 혼밥족으로 보자면 쿠스미 작가에 못지않았다. 음식에 스토리를 느끼지 않으면 먹지 않는다는 점도 유사하다. 시간은 2박 3일. 그것도 도착과 출발 일의 시간을 빼면 함께할 수 있는 식사는 모두 네 끼에 불과하다. 길 의원이 동경 시내의 혼밥족 맛집을 정리해 놓았다. 그런데 그것이 그냥 그저 그런 맛집이 아니었다. 다들 줄 서는 10평 안팎의 소점포들이다. 그리고 한정 분량만 판매하는 곳도 있다. 예로, 하루에 50인분으로 한정하는 식이다. 문제는 우리는 한 끼에 두 맛집을 뛰어야 하는 거다. 한정분 판매 식당의 가장 앞줄에 서서 주문하고 맛보고는 일어나 급히 다음 곳으로 이동한다. 시내에서 차량 이동은 금물이다. 빠른 걸음이 최고다. 점심과 저녁 끼니 사이는 뭔가를 해야만 한다. 배를 고프게 만들기 위해. 우리는 박물관, 미술관 그리고 내 희망에 따라 동경 습지공원 등을 방문했다. 식당의 동선을 우선으로 하면서 중간 방문지를 정하는 거다. 독특한 식도락 여행으로 아직까지도 기억이 생생하다.

우리의 추석이나 미국의 추수감사절 같은 느낌의, 누군가와 함께 밥을 먹는 '겸상'의 의미는 과거와는 많이 달라졌다. 현대 도시인들에게 겸상은 타인과의 관계 생성 혹은 유지의 목적이 두드러진다. 그 목적이 정서적이든 사업적이든 말이다. 그러나 우리는 타인과 관계를 맺고 유지하는 것에 대해 피로감을 느끼고 있다. 더욱이 인간관계에 있어서도 경쟁 심리를 느껴야 하는 청춘들에겐 더욱더 그럴 것이다.

그럼에도 불구하고 나의 지난 사회생활을 돌이켜 보면 겸상을 즐겨 하는 사람들이 주로 성공하는 것을 관찰한다. 나처럼 혼밥 하는 이는 글 쓰고 연구하는 것 이외엔 뭐 잘할 수 있는 일이 없다. 아직도 우리 사회는 밥 먹으며 농담하고 신뢰를 쌓고, 그리고 청탁이 오가는 사회인 것이다.

나는 2010년 자의반 타의반으로 자리가 바뀔 산림청장에 이름이 올랐던 '뻔장관'이다. 장관이 될 뻔한 사람을 뻔장관이라고 한다. 청장은 차관급이나 영어로는 장관(minister)이라 쓰니 편히 그리 부른다. 청와대 인사담당에게 제출해야 하는 부담되는 인사검증 답변서를 제출하였다. 무려 질문이 140개 가까이 되었던 것으로 기억한다. 이런 답변서를 쓰다 보면 인생을 다시 돌아보게 된다. 잘못은 없었는지, 더 잘할 수는 없었는지.

당시 나는 꿈이 있었다. 이미 IUCN의 이사로 국제무대에 서본 경험이 있으니 좀 더 의미 있고 무게 있는 자리에서 한국을 빛내고 싶은 생각이 있었다. 게다가 북한의 황폐한 환경문제는 국제기구의 도움 없이는 불가능하다는 사실을 여러 연구를 통해 잘 알고 있던 터라, 국제기구와의 연계는 필수적인 나의 목표가 되었던 것이다. 그래서 IUCN의 총재를 꿈꾸기 시작하였다. IUCN은 국제사회에서 유엔환경계획(UNEP)과 같은 높은 수준으로 평가되고 있다.

타 국제기구 사무총장들의 수평적 이동이 이루어지곤 한다. 여러 전임자들의 이력을 살펴보았다. 당연히 나보다 우월한 경력에 뛰어난 능력을 갖춘 분들이었다. 전임자들의 공통적인 이력은 흥미롭게도 본인들 국가의 환경부 장관 출신이라는 것이었다. 거기에 견주어 비교해 보니 내가 산림청장을 역임하고 나면 나름대로 부끄럽지 않은 이력서가 완성되는 것이었다.

결과적으로 청장은 내가 갈 자리가 아니었다. 능력도 자격도 그리고 타이밍도 모두 아니었다. 여러 사람들의 도움과 본인의 굳건한 다짐으로 도전하는 자리였으므로 뻰장관의 정신적 타격은 그만큼 컸다. 특히, 나처럼 사회성이 약한 이에겐 치명적이다. 나의 정신적인 부담은 대인 기피로 나타났고, 나는 그나마 생산적인 방향으로 나를 질질 끌고 갔다. 책을 쓴 거다.

퇴근 후 조금 잔다. 진한 커피 한잔을 하고, 밤 10시부터 내 방으로 들어간다. 그리고 밤을 새운다. 그렇게 하기를 4개월. 한 권의 책을 썼다. 2011년에 출간한 〈솔루션 그린(Solution Green)〉이다. 이 책은 산림학자로서 자연환경에 대한 논의를, 농학자로서 식량문제에 대해 문제를 제기하며, 녹색성장위원회 위원으로서 우리나라 기후변화에 대한 제안을 던지고, 마지막으로 국제환경기구의 이사로서 전 지구적 환경문제에 우리나라가 어떻게 대응할지에 대한 그림을 제시하고 있다.

매일 밤을 지새우다 보면 하루하루 도사가 된다. 책상 위에 컴퓨터 한 대, 노트북 한 대, 아이패드, 아이폰을 켜고 일을 한다. 내가 주로 참조하는 문헌은 모두 유엔이나 국제환경기구들의 보고서이다. 90% 이상이 무료로 다운 받아 볼 수 있다. 컴퓨터와 아이패드에 각각 한 개씩 보고서를 올린다. 예를 들면, 유엔식량농업기구(FAO)에서 발간된 '아시아의 산림문제'와 '아프리카의 식량문제'에 관한 보고서이다. 그리고 아이폰에는 전자사전을 올린다. 그것을 읽고 정리하면서 노트북에 타이핑해 나가는 거다. 이보다 더 효율적인 방법은 없다.

책상 위의 다양한 기계들을 작동해 전 세계의 환경문제를 내 손바닥 위에 올려놓고 보듯이 읽고 분석하고 정리하니 꼭 세계 환경 대통령이 된 느낌이다. 거기에, 어렸을 때 즐겨 보았던 스타워즈의 주인공도 된 기분이었다. 우주선에 탑승하고 첨단기기들이 즐비한 중앙통제실에서 명령을 내리는 '한 솔로(Han Solo)'라는 캐릭터가 되어 스페이스십 커맨더의 역할을 하는 것이다. '한 솔로'는 해리슨 포드(Harrison Ford)가 연기했다. 포드 씨는 미국의 유력한 비영리 환경단체인 CI(Conservation International)의 이사회 부의장으로 봉사할 만큼 환경문제에 민감한 사람이다. 조직에 대한 지원도 아끼지 않아서, 2010년 당시까지 1,700만 달러를 기부했다. 우리 돈으로 약 190억 원 정도의 금액이다. 개인의 기여금이니 가히 상상을 초월하는 수준이다.

그분에게 이 책을 선물하고 싶어졌다. 그래서 연락을 하였다. CI의 당시 대표였던 Russell Mittermeier 박사와 잘 알고 지내던 터라 그분께 부탁한 일이었다. 그리고 다음과 같은 책의 추천사를 해리슨 포드로부터 받았다. 이 책의 뒷면에 기록되어 있다. 내겐 천금 같은 선물이었다.

"축하합니다. 이 책은 내가 지난 17년간 일해온 CI의 철학을 명쾌히 소개하고 있습니다. 김성일 교수는 이 책에서 적극적인 생물다양성 복원과 탄소배출 저감을 위한 효과적인 방안을 제시하고 있습니다. 한국의 25%를 보호지역으로 지정하자는, 단순하면서도 매우 강력하고 실무적인 자연보전 대안입니다. 김 교수의 담대한 아이디어에 찬사를 보내며, 이 대안이 꼭 국가 차원에서 실행되기를 바랍니다. 이 책이 학계와 정책입안자, 그리고 비즈니스 리더들에게 널리 읽히고 제시된 정책의 실행방안이 논의되기를 바랍니다."

Congratulations! This book clearly explains the philosophy of Conservation International (CI) which I've worked for the last 17 years. The author examines simple, powerful, and practical strategies to promote nature conservation, such as designating no less than 25% of national territory as protected areas, and effective ways to restore biodiversity and reducing carbon emittions as much as possible. I applaud Seong-il's bold ideas, they can and should be implemented at a national scale. Academics, policy-makers and business leaders alike should read this book, and think of ways to implement the policies outlined in this book.

해리슨 포드(영화배우, CI 이사회 부의장)
Harrison Ford, Actor and Vice Chairman of CI

2

엣지 라이프를
사는
엣지맨의 노력

08

참된 모방

나는 Homo Replicus, 즉 모방인간이다.

　인간의 뇌에는 모방을 전문으로 하는 신경세포가 있다. 거울신경세포(mirror neuron)라는 건데, 본인이 행동하거나 다른 이가 행동하는 것을 관찰할 때 작동되는 신경세포로 인간이 모방을 통해 배우는 것을 가능하게 한다. 인간에게만 있는 것은 아니다. 영장류 그리고 일부 조류에서도 발견된다. 결국, 사회적 동물에게는 필수적인 세포인 셈이다. 다른 생물 종간에도 모방이 가능한 것으로 보고되고 있는데, 짧은꼬리원숭이는 태어나서 얼마 안 될 때까지 사람을 마주 보고 얼굴 표정을 따라 하는 것이 확인되었다.

최근에는 개와 말에 대해서도 유사한 연구 결과가 발표되어 관심을 끈다. 개가 놀자고 할 때, 앞다리로 절하고 꼬리를 흔든다. 그러고는 사람처럼 웃는다. 개들도 서로 호감을 갖는 경우에, 웃으며 상대방 표정을 따라 하는 행동을 한다고 한다. 여기까지도 놀라운데 더 놀라운 것은 개와 말이 서로 웃고 표정 따라 하기를 한다고 하는데, 인간이 아닌 동물 종간의 행동은 처음 발견된 것이다. 특히, 이해가 어려운 것은 개의 조상인 늑대는 말의 최대 포식자였기 때문에 친구 사이로 발전되기가 여간 어려운 일이 아니다. 과학자들도 충분한 설명은 못 하는데, 아마 인간의 얼굴 표정을 인식하는데 길들여진 개와 말이라서 가능하지 않을까 유추한다.

모방은 발전의 첫 발걸음이다. 피카소 왈,

"유능한 예술가는 모방하고, 위대한 예술가는 훔친다.(Good artists copy, great artists steal.)"

여기서 모방은 그냥 따라 하는 것이고 훔침은 갖고 와서 자기 것으로 소화한다는 의미로 들린다.

나는 선천적으로 혹은 후천적으로 모방과 훔침을 하는 거울신경이 잘 발달된 것 같다. 그것도 나 스스로에 대한 모방능력이 뛰어나다. 나는 거울을 보면서 얼굴과 몸의 동작을 평가하고 수정하는 데 익숙하다.

모든 방면에서 미숙아였던 나는 특히 남 앞에서 하는 발표에 약했다. 어렸을 땐 극복하지 못할 일로 생각했었다. 게다가 미국에 유학하기로 했으니 걱정이 이만저만이 아니었다. 미국에서는 강의 시간에 발표를 많이 시킨다고 알고 있었으니. 친구나 가족 앞에서 내 못난 모습을 보이고 연습하기는 싫었다. 그래서 스스로 찾은 방법이 거울 앞에 서는 거였다.

캐나다 캘거리(Calgary) 대학의 사회심리학자인 로저스 교수(T. B. Rogers)의 연구 결과이다. 자기참조 효과(Self-reference effect)는 기억하고자 하는 것을 자기 자신과 연관시키면 기억이 오래 지속된다는 이론이다. 예로, 비밀번호를 생년월일이나 좋아하는 가수의 이름으로 정하면 잊지 않는다는 거다. 이와 마찬가지로 사람 이름도 내가 잘 아는 사람의 이름과 유사할 때 항상 기억이 난다는 거다.

이것을 역으로 입증하는 심리학 실험들이 다수 있다. 피실험자에게 방음이 잘되는 이어폰을 착용하게 한다. 한쪽 귀에는 서로 관련성이 별로 없는 문장이 읽히는데 일정한 간격으로 피실험자의 이름이 나온다. 다른 귀에는 전혀 다른 내용의 문장이 읽히는데 도중에 3~4개의 다른 언어로 바뀐다. 연구 결과는 놀랍다. 양쪽 귀에 들리는 다른 내용에 아무리 집중을 해도 사람들 대부분은 몇 개의 다른 언어로 바뀐 사실조차 인식하지 못한다. 그러나 문장의 내용은 전혀 기억하지 못해도 한쪽 귀에 들린 본인의 이름은 몇 차례 나왔는지 거의 정확하게 기억한다는 거다. 자기 참조를 시키면 집중도가 높아지는 것을 보여 준다.

나는 대중강연 때 청중이 자기 참조를 하도록 시도한다. 예로, 청중의 대부분이 잘 알고 있는 사람의 이름을 거론하며 내 강연의 메시지와 연결을 시키는 경우이다. 혹은 청중 각자의 첫사랑을 머릿속에 그리게 한 후 그녀 혹은 그가 이런 상황에서 어떻게 대처하면 좋을지 판단해 보라고 한다. 한순간 청중의 집중도는 최대가 된다. 환경 관련 강연에서 특히 효과가 높다.

"당신의 승용차가 내뿜은 대기 공해로 첫사랑 그녀가 폐 질환에 걸린다면……."

그런데 더 중요한 사실은 자기참조 효과로 정교화 시연 (Elaborative Rehearsal)을 이룰 수 있다는 거다. 정교화 시연은 단기기억을 장기기억으로 바꾸는 과정이다. 예를 들어 보자. 기억에 의존해서 친구에게 전화를 건다고 가정하자. 큰소리로 몇 차례 외우고 전화를 건다. 그러면 20초 이내에 전화번호의 기억은 사라진다. 이게 단기기억이다. 만약 이 전화번호가 내 생년월일이나 주민등록번호처럼 머리에 오랫동안 저장된 기억과 유사하다면, 그리고 내가 그런 연관성을 찾고 연결시키려고 한다면, 기억은 장기기억으로 기호화되어 저장된다. 이런 연결 과정이 정교화 시연이다.

나는 거울 속의 나를 보며 자기참조를 한다. 그리고 정교화 시연을 통해 내 근육과 신경 속에 멋진 발표를 원하는 방식으로 장기기억에 남기는 거다.

과거 우리나라 교육은 발표, 토론에 그리 익숙지 않았다. 그러니 내가 대학 4학년이 되도록 발표로 부들부들 떨 일은 없었다. 대학 4학년 때였다. 누구나 수강해야 졸업할 수 있는 전공 필수 세미나 시간이었다. 피할 수 없는 시간이다. 내 차례가 왔다. 나는 나름대로 열심히 준비했다. 그리고 연단에 오른다.

온갖 상황의 걱정이 떠오른다.
심장박동이 빨라진다.
준비한 원고를 꺼낸다.
모든 이들이 나의 예고된 실패를 비웃는 것 같다.

원고를 편다.

갑자기 시야가 뿌옇게 가려진다.

글자가 보이지 않는다.

등에 식은땀이 흐른다.

그리고 복통이 온다.

주저앉는다.

이게 막장 발표의 순서이다. 정말 무시무시하다. 경험이 없는 이들은 상상하지 못할 일이다.

유학 초년 시절 10평 학생 가족 아파트에 살았다. 거의 매일 밤 화장실의 거울 앞에서 발표 준비를 했다. 얼굴 표정, 발음, 태도 등을 다양하게 시도해 보았다. 미소 띤 얼굴, 웃는 얼굴, 굳은 얼굴, 그런 상황에서의 인사말과 발표 진행을 시도해 보았다. 당시는 신혼 시절로 내 아내는 밤에 화장실에서 들리는 소리에 경악했다고 한다. 혹시 미친놈과 결혼한 것은 아닌지 걱정하면서.

거울 속의 괜찮은 나를 모방하고, 잘하는 것은 훔쳐 와서 완벽하게 더 잘하도록 정교하게 시연한다. 그리고 뼛속까지 기억하도록 오래도록 묻어 둔다. 그게 내가 발표 울렁증을 극복한 방법이다.

자기 자신을 따라 하고 거기서 배우는 것을 나는 참된 모방이라고 정의한다.

배우라, 그대 자신으로부터.

바보들의 평계

나는 생각만큼 행동이 빠르다. 한번 생각하면 곧 행동으로 이어져
야 불안하지 않다. 나는 엉뚱한 생각을 하지는 않는다. 내 능력과
수준에 맞는 목표를 정하고, 거기에 도달하기 위한 전략과 행동을
구상한다. 그래서 실패의 확률이 낮다.

성공하는 사람은 실패를 맛본 사람이다. 실패하는 사람은 성공
해 보지 못한 사람이다. 실패 없는 성공은 없지만, 잦은 실패는 성
공의 열정을 낮추고 자신감을 떨군다. 그래서 실패는 잘해야 하고,
될 수 있는 대로 적게 하는 게 좋다. 너무 당연한 말이다. 좋은 실
패는 잘 준비되고 실행되었지만 아쉬운 실패를 말한다. 이유를 모

르는 실패는 나쁜 실패다.

실패하는 사람은 성공하는 사람의 이면을 잘 모른다. 아니, 생각하려고 하지 않는다. 그저 금수저를 물고 나와서 성공하는 줄 안다. 그렇지 않다. 성공하는 사람의 노력과 준비, 열정을 이해하지 못하면 영원히 성공하지 못한다. 그게 생태계의 법칙이고 적자생존의 원리다.

성공하는 사람은 성공을 자랑하지 않는다. 혼자 즐긴다. 누가 물어봐도 운이 좋았다고 한다. 겸손이 아니라 감추고 싶은 것이다. 성공할 확률은 항상 실패보다 낮으니, 낮은 확률을 남과 공유하고 싶은 바보는 없다. 많은 이들에게 공유되는 성공은 그저 철 지난 특허이거나 과거 기밀문서의 봉인 해제라고 생각하면 된다. 그래서 실패하는 이들은 심각하게 배우고 또 배우고 그렇게 해서 진화해야 한다. 생태계의 먹이 사슬은 처절하다. 모르면 먹히고, 그게 계속되면 멸종한다.

나는 지금 꽤 성공하였다고 스스로 평가한다. 내가 해온 행적을 간단히 적어 보자. 가장 자랑스러운 것은 서울대 교수로 퇴직한 거다. 훌륭한 제자들과 함께한 시간이 영광스럽다. 다양한 연구도 부족함 없이 수행했고, 책도 20여 권 출간했다.

나는 국가위원회에서 봉사를 많이 했다. 대부분의 내 분야 동료들보다 빨리 그리고 중요한 위원회에서 일했다. 개별 부처의 자문위원회는 일일이 적기 어려울 만큼 많이 일했다. 개중 기억나는 몇개로 큰 기금을 관리하던 총리실의 복권위원회, 유구한 역사의 문화재위원회, 장관급의 녹색성장위원회가 있다. 위원장이 총리라서 위원들을 장관급이라고 불러 준다. 국제기구에서는 한국인 최초로 세계자연보전연맹(IUCN)의 본부 이사를 4년간 역임했고, 그즈음 세계보호지역위원회의 아시아 의장으로 봉사했다. 작은 조직이지만 미국에 본부를 둔 탄소배출권 NGO인 Verified Carbon Standard(VCS)의 아시아자문관으로도 일했다.

아무 연고가 없었던 전라남도 강진군에 녹색문화대학을 설립해 10년이 넘게 학장으로 일했다. 농촌관광과 지역리더 반을 만들고, 1,000명 이상의 지역 출신 제자들을 길러 냈다. 이들은 스스로 동문회를 만들고 함께 공부하며 성장하는 지역모델을 만들어 가고 있다. 인구 2만 명이 안 되는 강진읍을 방문하면 지역의 제자들과 기대치 않게 조우하던 즐거움을 아직도 잘 기억하고 있다.

나는 방송인으로도 일했다. 40대 초반 K-TV의 대표적인 농촌 프로그램인 〈신토불이 농도불이〉의 MC 겸 리포터를 1년 반 동안 했고, 50대 중반에는 아리랑 TV에서 〈G-Korea〉라는 프로그램의

MC를 1년간 성공적으로 맡았다. 이 두 방송 프로그램을 통해 우리말과 영어 공부를 톡톡히 했다.

나는 대학 시절 서울대 아마추어 농구 대표선수로, 유학 시절엔 한인 야구 대표선수로, 교수 시절에는 서울대 교수 테니스 대표선수로 활약했다. 1993년에 개최되었던 전국교수테니스대회에서 자랑스럽게 B조 우승을 하였다. 약 200개 팀이 참가한 큰 대회였다. 나는 우승이나 상장은 없지만 마라톤, 암벽 등반도 배우고 시도하였다.

노래는 잘하지 못하지만, 2016년에 노래 두 곡의 음원을 녹음하고 멜론 등 디지털음원 서비스 플랫폼에 올린 적이 있다. 내가 작사한 가사로, 작곡을 전공한 작곡가에게 부탁해 노래를 만들었다. 나의 유산을 만들어 놓으려는 시도였다.

이런 게 어떻게 다 가능했을까? 내가 타고난 능력으로 발표를 잘하거나, 운동을 잘하거나, 노래를 잘하거나, 영어를 잘하여 경쟁에서 이겼을 것으로 생각하면 큰 오산이다.

나는 어린 시절 멍청하고 우울했다. 어머니가 용돈을 적게 주셔서. 그래서 돈 잘 쓰는 친구를 따라다녔다. 길거리에서 파는 멍게,

해삼이나 번데기, 또 엿 등을 얻어먹기 위해 따라다녔다. 소위 찌질이였던 것이다.

어린 시절 나는 친구들과 어울리기를 꺼리고, 키도 작고, 통통하게 살찐, 체육 시간에 그늘에 숨어 있던 눈에 안 띄는 꼬마였다. 그때 사진을 보면 뭔가 항상 불만에 찬 얼굴이었다. 싸움 한번 해보지 못하고 반장은커녕 어떤 자리에서도 일어나 말한 적이 없을 정도로 성공할 것 같지 않은 아이였다.

중학교 시절, 학적부를 보면 친구와 어울리지 못하는 성격을 지적하는 선생님의 글을 항상 볼 수 있고 체육 시간에 교실에서 옷 갈아입기도 부끄러워하는 학생이었다. 고등학교 시절에도 남들과 잘 어울리지 못하고 혼자 놀던 마음의 상처를 잘 받던 그런 아이였다. 대학에 와서 엄청난 운동으로 스스로 몸을 다졌지만, 지나친 수줍음에 강의 시간 중 주어진 기회에 발표도 제대로 못 하고 주저앉는 멍청이였다.

하지만 나는 뭐든 부정에서 긍정으로 바꾸는 힘이 있었다. 열심히 노력하면 이루고 성취할 수 있다는 믿음도 갖고 있었다. 그래서 하나하나 시도하였고 성공하였다. 서울대학교 수원 캠퍼스로 통학하던 대학 시절, 운동을 얼마나 했던지 아침에 기상하면 코피를 흘리는 일이 내게는 다반사였다. 테니스, 농구에 조깅까지 하루 평균 두 시간을 운동했다. 몸에 워낙 자신이 없던 나로서는 운명을 건 모험이었다. 어머니께서는 내 건강에 대한 걱정 때문에 내 운동화를 감추시는 일이 다반사였다. 대학 이후로 규칙적인 운동은 나의 일상이고 내 인생 성공의 든든한 기반이 되었다.

유학 시절, 발표 능력의 향상을 위해 죽도록 연습했다. 거울 앞의 나와 끊임없는 싸움에서 이긴 거다. 울고 다짐하고 다시 연습하고 이러기를 수도 없이 했다. 거울 속의 나를 욕하고 거울에 비친 나를 다시 욕하고 이러기를 반복하며 연습했다. 이젠 실시간 뉴스에 전문가로 초대받아 나가도 쫄지 않는다. 대중 강연도 즐긴다. 오히려 청중의 숫자가 많지 않으면 다소 실망이다. 대학 강의 시간에 발표하려고 하면 눈이 희미해지고 등에 식은땀을 흘리다가 주저앉던 내가 아니다.

교수 초년 시절엔 글쓰기를 위해 하루도 빼놓지 않고 신문 사설을 큰소리로 읽었다. 당대의 최고 글쟁이 고수들의 글을 배우기 위해서. 영어를 더 배우기 위해 출퇴근 운전 중에 영어 방송을 청취했다. 이것만으로도 하루 1시간 이상 영어 공부가 가능하다. 대학 때 영어 울렁증에 시달리던 내가 지금 다른 이들보다 영어를 조금이라도 잘한다면 그건 노력 때문이다. 국제기구에서 봉사할 수 있었던 것도, 아리랑 TV에서 일할 수 있었던 것도 순전히 영어 공부를 열심히 한 덕이다.

유약했던 유년 시절, 그리고 멍청했던 대학 시절을 딛고 대학교수로, 국제기구에서, 방송인으로, 사회봉사까지 성공적으로 마무리할 수 있었던 건 모두 제대로 된 준비와 거침없는 실행 때문이다.

내 앞에서 이런저런 이유로 '나는 못 합니다.'라는 말은 아예 꺼낼 생각도 하지 마시라. 바보들은 수만 가지 핑계만 대고 행동은 멀리하지 않는가?

스티브 잡스 왈,

"갈망하라, 바보짓을 두려워 말라.(Stay hungry, stay foolish.)"

10

순간 결정

나는 실행에 옮기지 못할 생각은 처음부터 하지 않는다. 시작했다면 될 수 있는 한 빨리 잊는다. 내가 가지고 있는(별로 충분하지도 않은) 정신적·육체적 재원의 낭비는 정말 아깝다.

빠른 포기와 정확한 목표설정을 위해서는 심리적 합리화가 우선이다. 인간의 행동은 노력과 보상의 균형점에서 결정된다.

즉, 내가 행동할 것인지 아닌지를 결정하는 쉬운 방식은,

$$\text{행동할 확률} = \frac{\text{물리적 · 심리적 보상}}{\text{물리적 · 심리적 노력}}$$

으로 볼 수 있다. 노력은 많이 해야 하는데 보상이 적다면 행동할 확률이 줄어드는 것은 당연하다.

여기서 행동의 확률을 높이려면 노력을 줄이거나 보상을 늘리면 된다. 혹은 둘 다이다. 여기에 문제가 있다. 우선 행동의 실행을 통해 뭔가를 성취하려는 노력의 양을 줄이면 성취했다고 해도 효과가 떨어지거나 결과물이 만족스럽지 못하다. 최소한의 공부로 시험을 치르면 커트라인을 겨우 넘을 수는 있지만 영 찝찝하다는 이야기다.

둘째, 보상을 생각해 보자. 물리적 보상은 내가 조절할 수 없다. 절대로 불가능한 것은 아니지만. 그러나 심리적 보상은 내가 마음대로 늘렸다 줄였다 할 수 있다. 그게 포인트이다. 그게 합리화.

나는 한번 맘먹은 일에 대해서는 흔들림 없이(없다는 것은 거짓이지만 될 수 있는 대로 최소화하며) 심리적 보상에 대한 기대치를 높인다. 그래서 행동할 확률을, 혹은 포기하지 않는 확률을 지속적으로 높이는 거다. 보상에 대한 기대치를 높이는 방법은 다양하다. 성취에 대한 긍정적인 상황을 자주 그린다. 이 집을 사면, 이 대학에 합격하면, 이 일을 잘 마무리 지으면 등. 그리고 가시화한다. 긍정적인 관련성이 있어 보이는 사진과 그림을 책상머리에 붙인다.

집이나 대학 건물 등. 그리고 다이어그램을 그린다. 그 위에 성취하기 위해 내가 해야 할, 변해야 할 것들에 대한 키워드를 적는다.

자, 이러한 노력으로 결과 성취를 위한 나의 행동은 지속된다. 집을 사기 위해서는 끊임없이 공부한다. 책을 사서 주택시장의 변동에 대해 알아보고 정부의 시책에 대해 검색한다. 세금과 대출도 알아본다. 요즘은 부동산 앱들이 좋은 정보를 주니 그리 어렵지 않은 일이다. 그리고 현장을 방문한다. 마음에 들 때까지 계속해서 간다. 앞으로 뒤로. 단지의 특성과 편의 시설 등을 둘러본다. 현장 방문에는 가능한 한 대중교통을 이용한다. 그래야 현실 상황을 느낄 수 있다. 절대로 잊지 않고 하는 건 부동산중개소를 방문하는 거다. 그것도 세 곳 이상. 관심 있는 매물이 있는 동네와 다소 떨어진 곳을 섞어야 한다. 이곳 아파트값이 오를까요? 매물은 많은가요? 추천할 만한 물건은 어떤 것인가요? 세 곳 이상 중개업자를 만나면 얼추 추세를 알게 된다.

개중에 믿을 만한 한두 곳 중개업자에게 중개를 부탁한다. 아주 구체적인 기준을 제시한다. 향, 층, 원하는 가격 등.

자, 현장 방문과 책, 앱을 통한 많은 공부가 있었다. 어느 날 연락이 온다. 매물이 나왔다고. 한번 가본다. 그리고 결정한다.

나는 이사를 자주 다닌다. 그게 재산을 모으고, 나의 주변을 깨끗하게 정리하고 사는 수단이다. 나는 집을 살 때 남보다 조금이라도 더 주고 사고, 팔 때 남보다 조금이라도 덜 받고 파는 것을 원칙으로 한다. 그러면 내가 원할 때 팔고 살 수 있다. 내가 살 집을 판 사람이, 또 내가 살았던 집을 산 사람이 기분 좋고 행복해야 그 기운이 내게 전달된다고 믿는다. 내가 사는 동안 내내 그런 긍정적 기운이 나를 기분 좋게 해준다.

미국 예일대 유학 시절, 당시로는 최첨단인 IBM PC를 구입했다. 당시 내가 몰던 중고차의 두 배 가격을 주고. PC 구입에 관해 오래 공부하고 생각하고 선택하고 나서 결정했다. 그로 인해 내가 당신 개인 컴퓨터에 관한 한 학생들 사이에서 가장 유식한 사람이 되었다. 지금도 그때의 결정을 존중한다. 비록 생활비의 상당 부분이 지출되어 몇 달간 외식도 못 하긴 했지만.

주변 친구들이 자주 물어본다. 언제 PC를 사는 게 좋으냐고. 나는 할 수 있는 한 빨리 사서 느끼고 공부하라고 조언했다. 두 부류이다. 무리해서라도 공부를 위해 그리고 당시의 완전 첨단 추세인 PC를 이해하기 위해 구매하는 친구 그룹과 이제 6개월 후면 새로운 모델이 나오니 그때 가서 사겠다는 친구 그룹이다. 리스크를 줄이는 게(risk averter) 더 중요한 '6개월 후' 유형의 친구들은 지금과 미래의 가치를 추구하는 선두주자(early adapter)를 절대로 이길 수 없다. 따스하다 못해 눈부신 구름 위의 햇살을 구름 위에 올라와 보지 못한 이들이 느끼지 못함과 같은 이치이다. 구름 아래로 비가 계속 내려도 우산으로 만족하려는가?

결정 장애는 성공 장애로 가는 첩경이다.

11

인지 부조화

나는 내 머릿속의 인지 부조화를 즐긴다. 물론 궁극적으로 부조화의 심리상태를 조화롭게 바꾼다. 그래야만 사니까.

심리학의 가장 잘 알려진 이론 중의 하나인 인지 부조화(cognitive dissonance theory)는 최근 신문에 자주 등장할 정도로 일반인들에게 회자되는 이론이다.

이 이론은 우리 머릿속에 내재된 심리 태도나 믿음이 본인의 행동과 서로 모순되어 양립할 수 없다고 느낄 때 불균형 상태로 인식하며, 인간은 이런 불균형을 최소화하려 한다는 주장이다. 쉽게 예로 설명하면, 담배가 몸에 극히 해롭다는 사실을 알면서도 담배를 피우는 사람은 정신적 불안함을 해결하기 위해 첫째 금연을 시도한다. 그러다 실패하면 둘째로 담배 피우는 것에 대한 합리화를 한다. '굵고 짧게 살자. 담배로 1~2년 일찍 죽는다 한들 대수냐?' 이런 식이다. 행동을 바꾸거나 신념을 바꿔서 부조화를 최소화한다는 거다. 합리화조차 하지도 않으며 담배를 피우는 사람은 분명 미친 것이다. 독약을 조금씩 들이마시며 즐거워하는 거니까.

좀 더 체계적으로 정리하면 이렇다. 인간은 인지 부조화를 최소화하기 위해 보통 다음의 세 가지 단계를 시도한다.

1. 행동을 바꾼다(담배를 끊는다).
2. 신념을 바꿔 행동을 정당화한다(스트레스 해소에 좋으니 문제 될 것이 없다).
3. 신념을 무시하거나 부정한다(담배가 나쁘다는 과학적 근거는 없다).

그런데 꽤 오랜 심리학 연구 결과, 인간의 행동을 바꾸는 첫 단계는 우리 주변의 일반적인 사람들이라면 누구나 감당하기 어렵다고 한다. 본인이 진행하기도 어렵지만 누가 지시하거나 강요하면 즉각 반발한다. '누가 나더러 담배를 끊으라고 해?' 오히려 부정적인 결과가 나온다. 이걸 두고 역심리학(reverse psychology)이라고 한다. 1966년 미국 심리학자인 잭 브렘(Jack Brehm)이 발표한 이론이다. 청개구리 심리학이다.

인간은 대부분 청개구리들이다. 그러나 내 생각에 우리나라 사람들은 서양인에 비해 덜한 편이다. 오랜 자유민주주의의 역사를 가지고 있는 나라 사람들은 꽤 청개구리들이다. 정부가 이래라저래라 하면 오히려 역효과가 난다. 우리처럼 자유가 뭔지 민주주의가 뭔지 모르는 사람들에겐 정부의 말에 씨가 먹히는 것 같다.

하여튼, 인간의 행동을 바꾸는 것은 정말 어렵다. 그래서 심리학에서는 신념을 바꾸는 방법을 취한다. 금연학교에 가면 매일 듣고 보는 것이 담배를 피우면 안 되는 이유들이다. 흡연자에게 담배에 대한 나쁜 신념을 넣어 주는 거다. 그러면 담배가 미워지고 자연스레 금연으로 이어진다. 여기서 보면 '담배는 몸에 나쁘다.(신념)' → '담배가 싫다.(태도)' → '그래서 금연한다.(행동)'로 이어지는 거다. 많은 연구 결과, 신념이라는 단추를 꾹 눌러 주면 자동으로 행동까지 간다고 한다. 신기하다!

다른 예를 보자. TV에서 '현대 제네시스 사세요!' 이런 엉성한 행동을 지시하는 듯한 광고를 본 적이 없을 거다. 아무리 멋진 모델이 나와서 메시지를 전하려 해도 행동에 관한 것은 어쩐지 정부의 공익광고 냄새가 난다. 커뮤니케이션을 전공한 광고 전문가는 '이 차는 미국에서 J. D. Power가 실시하는 차량 내구품질조사에서 1위를 차지했습니다!'라는 여러분의 신념을 건드리는 메시지만 전달한다. 그것으로 끝이다. 구매 행동의 결정은 소비자의 몫으로 놔둔다.

나는 대학 초년생 시절 호기심으로 시작한 담배로 많은 손해를 봤다. 지저분한 책상과 주변, 입과 옷에 밴 냄새, 만만치 않은 비용, 그리고 그땐 잘 몰랐지만 나빠진 폐 등이다. 미국에서 연구교수 시절인 정확히 나이 40세에 담배를 끊기로 작정했다. 20년간 흡연자였으니 전략을 잘 세워야 했다. 심리학 이론을 잘 활용해야 했다.

내가 담배에 대해 가지고 있는 신념을 열거해 봤다. 나쁘다는 건 기본이니 내가 어떻게 합리화하는지를 제대로 파악해야 했다. '아직 젊고 건강하니 담배는 별로 문제될 것이 없다.', '담배 광고의 모델이 여전히 멋있다.', '주변 흡연자들과 대화가 잘 통한다.', '담뱃값 정도는 별로 부담되지 않는다.' 등이었다.

가장 쉬운 정보는 광고 모델에 관한 것이었다. 당시 가장 인기 상품이었던 말보로의 광고 모델이 폐암으로 사망했다는 소문이 있었다. 확인해 보니 데이비드 밀러 등 일부 모델이 이미 폐암으로 사망했고, 여러 다른 모델들도 폐질환으로 고생이란다. 하지만 이걸로 다 해결되지 않았다.

여전히 담배를 피우면서 담배가 인체에 얼마나 나쁜가를 연구한 논문을 찾아보는 것은 고역이었다. 물론, 의학 논문은 읽기에도 어렵고. 그래서 대신 소설을 찾아 읽기 시작했다.

〈The Runway Jury〉는 미국의 유명 소설가 John Grisham이 1996년에 발표한 소설이다. 남편이 담배로 인한 폐렴으로 사망하자 가상의 담배 회사 파이넥스(Pynex)를 상대로 주인공 여성이 벌이는 법정 소설이다. 이 소설에는 담배가 왜 인체에 해로운지 법정에서 다투는 상황이 자세히 언급된다. 변호사가 배심원을 설득해야 하는 수준이니 나도 이해하기 쉬웠다. 그리고 대규모 회사가 어떻게 시장 확보를 위해 담배의 중독성을 지속적으로 유지하거나 늘려 왔는지 놀라운 비밀들이 벗겨진다. 이미 70년대 말에 니코틴이 최소화된 담배의 육종에 성공했지만, 파이넥스는 중독성이 줄어들면 시장이 결국 축소될 것이라는 내부 의견을 근거로 새 담배를 포기했다는 거다.

꽤 두꺼운 책을 나는 매일 숨죽이고 읽었다. 하루하루 나의 신념이 바뀌는 것을 확인하면서. 그러면서 운동을 했다. 조깅으로 폐에 부담을 줘봤다. 얼마나 잘 견디는지. 담배를 피우고 뛰면 역시 어려웠다. 담배가 싫어졌다. 여기까지 한 달이 걸렸다. 그런데 딱 여기까지뿐이었다.

어느 날, 사무실 부근에서 누군가가 피우는 담배 냄새의 유혹을 뿌리치지 못하고 다시 악마의 길로 들어선 거다. 아, 이런 패배감. 나의 결론. 담배는 심리적 기제만으로는 행동의 변화를 이끌 수 없다. 그래서 다시 시작했다. 이번에는 니코틴 패치 형태의 금연 보조 약물을 병행했고 당당히 성공했다. 20년간 피우던 담배를 끊은 지 20년이 조금 넘었다.

그 당시 내 몸무게는 89kg이었다. 키가 180cm이니 비만이다. 몸무게를 줄이는 데 같은 방법의 적용을 시도했다. 비만은 뭐니 뭐니 해도 필요한 것보다 많이 먹으니 생기는 현상이다. 백 가지 방법은 필요 없다. 덜 먹으면 되는 일이다. 당시 초등학생이었던 두 아들과 피자에 햄버거를 즐겨 먹었다. 패스트푸드는 뭐라 해도 유익이 없는 음식이다. 게다가 많은 경우에 하나 사면 하나는 덤으로 주는(buy one get one free) 마케팅이 성행할 때였다. 거침없이 먹기를 3개월. 결국, 과체중이 된 것이다. 우선 입에 달콤한 지방을 멀리하기로 했다. '나는 맛을 추구하지 않는다!'를 한 시간에 한

번끌로 중얼거렸다. 자기 자신에게 최면을 걸어 신념을 바꾸는 작업이었다.

삼시 세끼를 시리얼로 때웠다. 맛없고 밍밍한 시리얼로는 성공할 수 없어 가장 맛있고 빛깔 좋은 마른 과일이 섞인 것을 택했다. 식사의 시작은 여느 식사와 같다. 맛있는 밥과 반찬으로 시작한다. 밥 반 공기에 맛있는 반찬을 곁들여 끝내자마자 이어서 시리얼을 먹는다. 배가 부를 때까지 먹는다. 배고픔은 다이어트에 최대의 적이다. 시간이 날 때마다 체중계에 오른다. 한창 살이 빠질 때는 전날 대비 하루에 500g이 빠진다. 아무 때나 배고프면 시리얼을 먹는다. 메즈머라이징(최면) 효과로 항상 맛있게 느껴진다. 온종일 바득바득 시리얼을 먹으니 꼭 다람쥐가 된 느낌이었다.

4개월 후 20kg이 빠진 69kg. 당시 이대 교수로 나와 함께 일리노이대학의 연구교수로 체류 중이던 분에게서 '담배 끊고 동시에 체중 20kg 감량하는 독한 사람과는 친구 맺기를 그만두겠다!'라는 농담성 폭탄선언까지 듣게 되었다.

인생은 결코 쉽지 않은 결정과 행동의 연속이다. 사는 도중에 여러 가지 유혹을 만나고 그중 한둘은 심각하게 내 인생의 성공을 방해한다. 그러나 내가 스스로 나의 행동을 바꿀 수 있다면 겁날 일이 없다. 나는 미국 유학 시절 교육심리학을 부전공한 것에 대해 큰 만족을 느낀다. 결국, 나 스스로 변하지 않으면 성공할 수 없는 내 인생에서 행동의 조절 방법을 배웠기 때문이다.

본인의 심리를 스스로 조절해 보라. 그러면 미래가 보인다.

멀티링구얼 Multi-lingual

모든 게 해야 할 때가 있다. 그때가 지나면 소용없다. 시간을 되돌 릴 수도, 다시 하고 싶은 마음이 생길 리도 없다. 그냥 후회만 남 는 거다. 다소 무리가 되는 것 같아도 젊었을 때는 일단 시도하는 것이 좋다. 물론 허무맹랑하거나 얼토당토않은 일을 하라는 뜻은 아니다.

대학교수는 7년에 한 번씩 연구년을 갖는다. 영어로는 Sabbatical leave라고 한다. 이 단어는 유대민족의 언어인 히브리어 Sabbath 에서 유래한 말로, 유대인들이 그들의 규약에 따라 농경지를 7년 에 한 번씩 1년을 놀리는 휴경 제도를 의미한다. 이것이 나중에 대학이나 연구기관, 일반기업에서 종사자에게 재충전의 기회를 주는 제도로 바뀐 거다.

사람들이 교수를 부러워하는 이유 중 하나가 바로 제도화된 연구년이다. 혹자는 그 기간에 집필을 하고, 혹자는 연구는 접어 두고 평소에 하지 못한 운동으로 강철 신체가 되어 돌아오기도 한다. 교수들 대부분은 연구 반, 운동 반으로 알찬 시간을 보낸다.

교수가 되고 나서 두 번째 연구년을 40대 초반에 갖게 되었다. 나는 과감하게 제2외국어로 일본어를 배우겠다고 마음먹었다. 연구년이 시작되기 전부터 일어 공부를 어디서 어떻게 할지 조사하고 연구했다. 결론은 한국외국어대 부설 언어연수원을 가는 것이었다. 쉽지 않은 결정이었다. 연수원 학생들 대부분은 외국 유학을 준비하는 학생들이었고, 거기에 소수의 외국 주재원으로 나가려는 회사원들이 속해 있었다. 마흔이 넘은 교수는 볼 수 없는 곳이 외대 언어연수원이다.

일본어 수강생은 숫자가 많지 않아서 좋았다. 모두 여섯 명. 일본 유학을 꿈꾸는 대학생 세 명, 직장을 구하는 가정주부 한 명, 일본 지점에 파견될 은행원 한 명, 그리고 나였다. 나이는 모두 30대 초반이거나 그보다 젊었다.

하루에 수업은 6시간. 오전 3시간, 점심 후 다시 3시간으로 오후 4시에 끝난다. 읽고 쓰기, 듣고 말하기, 문법으로 이어지는 온종일 강의에 몸은 축 처진다. 강사 선생님 셋은 내 나이 또래였다. 선생님은 물론이고 다른 수강생들과도 눈 마주치기가 부담스럽다. 선생님의 질문도 교수인 나를 건너뛰는 경우가 많다. 숙제를 잘 안 해오는 불량 학생이기 때문이다. 저녁엔 내가 가르치는 대학원생과 연구 회의, 연구 과제 등에 시간을 더 많이 할당해야 했기에 숙제에 소홀할 수밖에 없었다.

정말로 꾸역꾸역 3개월 반의 시간을 보냈다. 내가 잘하는 것이라곤 한자 독해 정도였다. 그나마 어린 시절 학교 교육에 한자가 포함되어 있어서 다행이었다. 매번 시험도 꼴찌, 선생님 질문에도 엉터리 답변, 발표는 한심한 수준이었다. 결국 연수를 마무리하면서 일본어로 하는 간단한 연극 공연에도 이런저런 핑계로 참석하지 못하였다. 그래서 정식 수료장도 받지 못하였다.

그해 말, 일본어능력시험(JLPT)을 준비하면서 멍청하고 두렵기 짝이 없다는 생각이 들었다. 왜 이렇게 늦은 나이에 외국어 공부를 해야 하는가 생각하니 멍청한 것 같았고, 서울대 교수가 시험에서 낙방하면 어떻게 하나 싶은 두려움도 있었다. 시험 당일, 챙이 큰 모자를 꾹 눌러쓰고 고개를 떨군 채 시험장에 들어갔다. 모두 대학생 같아 보이는 수험생들 사이로 연세 많은 듯한 분도 한둘 보였다. 무엇을 하시는 분일까?

우여곡절 끝에 나도 당당히 일본어능력시험 2급 자격을 얻게 되었다. 2급이라면 일본 대학에 유학이 가능한 커트라인 정도가 된다. 부끄럽지만 그래도 연구년의 목표는 달성한 셈이다.

일본어 공부를 하면서 이상하다는 생각을 여러 번 했다. 왜 서울대는 일어일문학과가 없을까? 왜 지금 우리나라 공교육은 한자를 가르치지 않나? 지금처럼 처절한 국제 경쟁시대에 아직도 죽창가를 부르며 반일하고 반일본어 해야 하나? 중국의 속국임을 자처하는 일부 주류 정치인들은 한자를 제대로 읽고 쓰긴 하나? 전두환 시절의 일본 대중문화 개방 불허 같은 폐쇄적 정신이 지금도 유효한가? 한심하기 짝이 없다.

나는 IUCN 이사로 일하는 동안 1년에 두세 번은 스위스로 출장을 갔다. 시내에서는 주로 택시를 탄다. 그리고 항상 놀란다. 택시 기사들 대부분이 다섯 개 정도의 언어를 구사한다. 그들의 언어인 스위스어는 기본이고, 이탈리아어에다가 영어, 불어, 독어까지 구사한다. 서툴다는 영어만 하더라도 나보다 훨씬 낫다. 네덜란드나 벨기에를 가도 비슷하다. 이 세 나라 모두 우리와 지정학적 위상이

유사하다. 먹고사는 방법이 외국과 교역하는 거니까. 그렇다면 그들은 왜 그렇고, 우리는 왜 이런가? 우리는 자체 발광 한글의 자부심에 함몰되어서 해야 할 공부를 제때 하지 못하고 있는 것은 아닌가? 제2, 제3의 외국어를 왜 이렇게 어렵고 고통스럽게 배워야 하는가? 이게 세종대왕이 바라던 바인가?

신생아는 보통 약 40가지의 소리를 낼 수 있고 또 소리와 사물, 행동과 생각 사이를 연결할 수 있는 능력을 갖추고 태어난다고 한다. 이는 아이들이 언어를 배울 수 있게 해주는 도구들이다. 언어 습득은 아이들의 뇌가 생후 6년 동안 다른 어떤 인지 능력 습득보다 더 성장하고 변화하게 만든다.

언어 학습이 아이들에게 수동적인 활동이라는 것은 오해이다. 사실, 언어 학습은 매우 능동적인 과정이다. 아이들은 대화 도중 다른 사람들의 말을 적극적으로 들음으로써 언어를 배운다. 어투, 리듬, 비언어적 표현까지 흉내 내려고 노력한다.

인간의 학습 능력 중 50%는 세 살까지, 30%는 여덟 살까지 발달한다. 성인이 될수록 학습은 욱여넣기, 쥐어짜기식으로 진행된다. 언어는 특히 그러하다. UCLA의 신경학 교수인 폴 톰슨(Paul Thomson)과 그의 연구팀은 언어 학습을 담당하는 뇌 시스템이 여섯 살부터 사춘기까지 성장을 가속화한다는 것을 발견했다.

MIT에서 수행한 다른 연구에서도, 모국어를 포함해서 언어를 배우고 습득하기에 최적의 시기는 10세 때라고 결론 내렸다. 이 연구 결과는 내가 연수원에서 일어를 배우는 것이 왜 그렇게 어려웠는지 그 이유를 설명해 준다. 그리고 지금도 일본어 회화를 하려면 왜 혀가 꼬이는지도 설명해 준다. 또 다른 연구에서는 15세까지 다섯 개의 언어 습득이 무리 없이 가능하다고 한다.

언어학에서는 인간의 대화 중에 한 가지 이상의 언어를 사용하는 것을 부호 전환(code-switching) 혹은 언어변환(language alter-nation)이라고 정의한다. 나는 우리나라 사람들처럼 부호 전환을 잘하는 이들을 본 적이 없다. 2019년 기준 우리말 단어 164,125개 중에 순우리말은 45.5%, 한자어는 52.1%, 외래어는 2.4%를 차지한다. 그러니 한국인들은 얼추 멀티링구얼(multi-lingual), 즉 다중 언어 구사자들인 셈이다.

'지나친 코로나 제로(zero)화 정책은 유토리(ゆとり) 없는 사회를 만든다.' 이 문장에는 우리말과 영어, 일어가 섞여 있다. 한자어가 깔리는 건 기본이다. 국민 거의 모두가 뜻을 이해하는 이런 삼중 부호 전환 문장을 쓰는 나라가 또 있을까?

현실이 이런데도 조기 언어교육의 일환으로 제2, 제3의 외국어를 배우면 안 된다는 비뚤어진 언어 쇄국주의자들과 이를 감싸는 한글학자들이 참으로 불쌍하기만 하다.

배움에는 때가 있다. 해야 할 때 하지 못하면 평생 비싼 수업료를 내야 한다. 여러분이 늦었다면 자녀는 꼭 15세 이전에 여러 언어를 배우게 하시라.

그리고 이 세상의 다양한 문화와 언어를 이해하는 코스모폴리탄으로 키우시라.

"제2외국어가 능숙하다는 건 또 다른 영혼을 갖는 것이다.(To have another language is to possess a second soul.)"_샤를 대제(Charles the Great)

우연은 필연

1982년 미국 유학을 몇 달 앞두고 고민에 빠졌다. 매사추세츠대
학교와 조지아대학교, 예일대학교에서 날아온 입학 허가서를 받아
들고 어디를 갈까 난감해하였다. 모두 명문으로 나의 유학 목표에
비춰 보면 각각의 장단점을 갖고 있었다. 앞의 두 대학은 조경학
과 석사과정, 예일대학은 산림환경학 석사로 입학 허가를 받았다.

어디선가 중요한 모임을 하고 집으로 운전하고 갈 때였다. 앞에
택시가 섰다 갔다 하는데 차량의 모델이 당시 인기 있던 '대우 로
얄'이었다. 그런데 영어 이름 Royale에서 'Ro'는 떨어져 나가 버리
고 'yale'만 남아 덜렁거리며 붙어 있었다. 앞서가는 택시가 길이

막혀 거의 20분을 내 앞에서 알짱거린다. '그래, 예일이야!' 그렇게 결정했다. 다소 과장되었지만 우연이 인생을 이끄는 경우가 많다.

람사르협약 사무총장에 입후보한 것은 참으로 우연의 연속이었다. 물론, 그 속에 필연적·운명적 이유도 당연히 있었다. 나는 젊은 시절 국내에서 벌어지는 자연환경 관련 국제회의에 거의 빠지지 않고 참석했다. 한번은 제주에서 거행된 세계자연보전연맹, 즉 IUCN 관련 회의가 있었다. 그게 2006년이었다. 회의 중간에 식사하는 자리가 있었는데, 대개 국제회의를 하면 국내인과 외국인 귀빈들을 적절히 섞어서 앉게 한다. 분위기를 부드럽게 만들기 위해서. 식사 중에 내가 국제기구 특히 UN 기구에서 일하는 게 꿈이라고 했더니 어느 외국인 참석자가 '반기문 씨가 곧 UN 사무총장에 취임하실 텐데 뭐가 걱정이냐? 그분의 추천장을 받으면 어디든 못 갈까?'라고 하는 것이었다. 그렇겠구나! 근데 어떻게 그 높은 분을 만나지?

수 주일 후에 농촌 지역 성공사례를 공부하기 위해 일본으로 출장을 가게 되었다. 나종일 당시 주일대사와 환담할 기회가 생겼다. 이 자리에서 농담으로 제주 국제회의에서 외국인 참석자가 들려준 이야기를 했다. 당시 '반 장관님의 추천장이면 가능하답니다.' 그랬더니 즉각, '반 장관이 내일모레 나를 방문합니다. 그런 일이라면 내가 도와주겠습니다. 명함을 남기고 가십시오.' 이렇게 된 거다.

나는 별 기대 없이 귀국하였다.

놀랍게도 수일 후 나 대사의 전화가 왔다. '반 장관에게 김 교수 명함을 건네 드렸으니 전화를 기다리세요.' 심장이 두근거렸다. 그래서 이력서를 준비하고 기다렸다. 하루… 이틀… 그리고 한 달, 두 달이 흘렀지만 결국 반 총장의 전화는 받지 못했다. 뭐, 실망할 일은 아니었다. 그걸 계기로 내 힘으로 국제기구에 진출하리라고 다짐했다.

몇 달 뒤, 환경부 신부남 국장으로부터 OECD 국가 보고서 중에서 〈한국편〉의 편집을 위해 회의를 할 예정이니 참석해 달라는 부탁을 받았다. 그때가 학기 말이라 시간에 쫓겼지만, 쾌히 승낙하고 참석하였다. 회의를 잘 마치고 식사를 함께하자는 담당 국장의 말에 시간적인 여유는 없었지만 합석하였다. 식사 중 거의 모든 분이 초면이므로 서로 소개를 하게 되었는데, 외교관 출신 신 국장이 내게 개인 소개를 부탁했다. 여러 가지로 스트레스가 많을 법한 연말이라 우스갯소리를 하려고 반기문 총장 이야기를 꺼내며 내가 국제기구에 관심이 있음을 언급하였다.

당시 신 국장은 한국 측 대표 자격으로 람사르협약 운영위원회의 위원으로 봉사하고 있었다. 갑자기 반색하더니 람사르협약 사무총장 자리가 공석이다, 자기가 추천할 테니 고려해 달라고 하는 것이었다. 갑작스러운 요청인지라 며칠 생각해 보겠노라 하곤 주변 분들과 상의 후 일주일이 지나 승낙하였다.

서울대학교의 이우신 교수와 당시 국회의원이었던 제종길 박사를 준비위원장으로 모시고 급하게 지원 준비를 시작하게 되었다.

그때가 2016년 초겨울. 2017년에 람사르 총회가 한국에서 개최되는데 이때 한국 정부는 한국인 사무총장이 대회를 이끌었으면 하는 희망을 품고 있었다.

마음을 먹었으면 실행을 위한 제대로 된 준비를 해야만 한다. 우선, 대학의 학과에 나의 도전 결정을 알렸다. 이런 중요한 국제기구 사무총장에 도전하게 되었기에 강의 외에 학과의 다른 행사에 참석하지 못한다는 양해의 말씀을 전달하고 동의를 받았다.

국내의 정부와 학계, NGO 관계자들 모두에게 나의 도전을 알리고 일본으로 향했다. 국내에서는 신부남 환경부 담당 국장, 외교부 김찬우 심의관, 한국리더십센터의 고현숙 부사장(코칭과 조직 운영), 나눔과 도움의 최영우 대표(재원확보 방안), 경상대학교 박재영 교수(국제 거버넌스), 당시 한국환경정책평가원의 박용하 박사(생물다양성협약), 산림과학원 이경학 박사(기후변화협약)를 직접 찾아가 뵙고 자세한 조언을 청해 들었다(모두 당시의 직책과 소속들임). 멀리 계신 박재영 교수님과는 그분이 저술하신 책을 읽고 전화로 말씀을 나누었다. 그때의 감사한 말씀을 제대로 전해드리지 못해 이 자리를 빌려 실명을 밝힌다.

일본에서도 여러분의 조언을 받았다. Kobayashi 교수 - 전 람사르사무국 아시아 담당관, Birdlife International의 Ichida 아시아사무국 국장, Ramsar Center Japan의 Nakamura 사무총장, 일본 환경성 야생동물과의 Hoshino 과장 등과 면담했다. 일본 측 특히 일본 정부의 지지 의사를 확인하였다. 일본에서는 후보자를 내지 않으니 지지하겠노라는 것이었다. 아시아에서 처음으로 람사르 총회를 하고 람사르 센터까지 운영하는 일본 정부와 람사르협약 사무국의 내부 소식, 전문가들의 의견이 매우 중요했다.

그다음은 나의 준비였다. 엄청나게 공부했다. 소규모이지만 그래도 국제환경기구 아닌가. 거기의 수장이 되는 거니까. 조직 운영을 위한 재무, 인사, 경영철학 등이 내겐 가장 어려운 과제였다. 그리고 재원확보방안. 위에 언급한 전문가들을 만나기 시작했다. 최영우 대표는 당시 서울대학교의 발전기금 조성을 도와주고 있었다. 국제기구에서 기금조성을 위한 철학과 전략을 배웠다. 고영숙 박사에게서 조직 운영을 위한 코칭의 개념과 실무 기법을 배웠다. 이외에도 람사르협약의 국제법적 지위, 외교적 협상 능력, 홍보방안 등 다양한 측면의 공부를 했다.

언어 능력도 문제였다. 기본적으로 유엔은 6개의 공식 언어를 인정한다. 람사르협약은 이 중에서 영어와 불어, 스페인어를 인정하고 있었다. 나에게 있어서는 가장 불리한 조건이었다. 서울대학교 언어교육원의 불어 강사에게 전화로 과외공부를 부탁하여 약 3개월에 걸쳐 개인 교습을 받았다.

좋은 소식이 왔다. 2017년 2월 16일 최종면접 대상자로 선정되었다. 총 31명의 신청자 중 두 차례에 걸친 선정위원회의 회의 결과 최종 6인으로 좁혀진 명단에 포함된 것이다.

우연이 필연으로 변하고 이 자리까지 온 거다.

최종면접 발표 준비에 서울대 경영대학원의 당시 석사과정 학생이었던 박현영 양이 도움을 주었다. 영어와 불어에 러시아어에 이르기까지 외국어는 물론, 컨설팅 경험까지 뛰어난 놀라운 능력의 학생이었다. 함께 예상 질문을 도출하고, 번역하고, 묻고 답하기를 연습하였다. 박현영 박사는 얼마 전까지 중국 상해에 있는 중국유럽국제공상학원(China Europe International Business School; 中欧国际工商学院)의 교수로 재직하고 있었다. 지금은 소식을 잘 모르지만 큰 도움을 받아 항상 기억이 나는 사람이다.

마지막 발표 준비를 위한 문서를 작성하고 3월 22일 최종면접을 위해 출국했다. 그리고 탈락했다. 최종면접 후 탈진하여 호텔 방에서 하루 동안 기절해 있었다. 그때 동행했던 아내가 없었다면 며칠 동안 고생했을 게 분명했다.

지금도 나이 드신 선배 중에서는 국제기구 사무총장 잘 지내고 왔느냐고 묻는 분들이 있다. 그 당시 신문 방송에서 내가 아시아 최초로 국제환경기구의 사무총장이 될 거라고 자주 언급되었기 때문이다.

나는 마음속에 바라는 바를 오래 간직하고 생각한다. 생각하고 또 생각한다. 그리고 희미한 기회라도 오면 놓치지 않으려고 정말 많이 노력한다. 그것이 우연한 기회일지라도.

약 반년에 걸쳐 사투에 가까운 그리고 실패한 이 노력을 한 끝에 나는 성장하였다. 그리고 약 2년 후 세계 최대의 민간 환경기구인 IUCN의 이사로 봉사하는 기회를 얻었다.

우연을 우연으로 끝내면 그건 바보다.

14

생존바이러스

내가 가지고 있는 몇 가지의 기록이 있다. 우선 국가위원회에는 내 분야에서 내 연령대에서 가장 높은 어쩌면 권력과 가까운 위원 자리에서 봉사했다. 40대 초반에 농림부의 지역개발을 위한 선정위원회에서는 도(道)마다 개발 의지가 있고 가능성이 있는 지역을 선정해서 3년간 75억을 지원하는 중앙위원으로 일하면서 우리나라의 국토와 지역을 알게 되었다. 최종 심의에는 각 군(郡)이 경쟁적으로 문서를 만들고 발표를 해야 한다. 군수는 원칙적으로 발표자가 될 수 없지만, 일부 군수들은 발표장에 기습적으로 입장하여 머리를 조아리기도 한다. 현장검증 시에는 그 지역의 대표 음식들로 위원들의 마음을 사려고 한다. 전남 강진을 방문했을 때는 황주홍 당시 군수는 물론이고 소설가 한승원 씨가 직접 나와 지역자랑을 한 것이 아직도 기억난다.

나는 지역답사를 포함해서 중앙선정위원회의 회의에 단 한 번도 빠진 적이 없다. 지역답사는 더더욱 그랬다. 시간과 노력이 여간 들어가는 게 아니다. 그러나 즐거운 마음으로 했다. 진심으로. 이런 흔적은 결국 시간이 흘러도 남는다. '저 친구는 돈 안 되는 일에도 뭐든 열심이야……. 국가와 지역을 위한다면…….'

내가 아직 40대 후반이던 노무현 정권 시절, 총리실 산하에 복권위원회가 신설되었다. 그곳에서 연간 약 1조 원의 기금을 6개 국가기관과 산하 관련 기관을 지원하는 위원으로 4년간 일했다. 나는 산림청의 추천으로 위원이 되어, 여성과 문화, 산림 분야의 기금 할당을 지원했다. 불행히도 내가 잘 아는 환경 분야는 복권 기금의 수혜 분야가 아니었다. 당시 복권은 총 매출 약 3조의 1/3에 달하는 기금을 조성의 목적에 부합하는 사업을 발굴하고 지원하는 데 사용하였다. 해당 부처의 담당 공무원들과 기관책임자들과의 면담이 있는데, 기금 할당은 부처에 따라 수백억에서 수억까지 다양한 자금이 부여된다. 여성부처럼 힘이 없고 예산이 부족한 부처에서는 담당 국장 휘하의 십여 명이 직접 인터뷰에 오고, 그 반대의 경우인 국토부는 과장이 직원 두세 명과 함께 출석한다. 당연히 복권위원회의 관련 공무원들이 사전 예산 할당 범위와 타당성을 검토한 자료를 사전에 준비하지만, 위원회 당일 위원들의 결정이 가장 중요하다.

　나는 당연히 산림 분야의 예산 할당에 관심이 많았다. 당시 산림 분야에서는 강원도 횡성군의 청태산에 만들어질 국립 횡성 숲체 원이 이미 예산 신청을 한 상태였다. 나는 숲체원의 책임자와 여러 번 접촉하면서(이건 불법이 아니다. 민간 위원이 전문가 자격으로 적절한 지도 지원을 하도록 했으니까) 숲체원이 운영할 체험 프로그램의 방 향이 장애우와 사회적 약자층을 위한 산림체험을 통한 힐링이 되 어야 한다고 조언했고, 따라서 위원회의 회의에서는 더 많은 지원 이 있어야만 한다고 설득했다. 위원마다 담당 분야가 있고 서로 설 득이 전제되어야 위원회 공무원들이 예산 할당을 하는 구조였다. 성공적이었던 것으로 판단했다. 연간 약 200억 원을 지원했던 것 으로 어렴풋이 기억한다.

　문화 분야에서는 당시 대학로에 있던 문화예술위원회의 지원사 업을 심의하였다. 돈과 힘없는 많은 예술인의 애환을 다소나마 듣 고 이해할 수 있었다. 여성부에도 할 수 있는 한 많은 예산이 할당 될 수 있도록 위원들 내부 회의에서 목소리를 냈다. 그런 인연으로 다수의 여성부 산하 및 관련 기관이 주최하는 특강 등에 강연자로 초대받았던 것 같다. 당시, 한국여성정책연구소, 이화여자대학교

여성리더십개발원 등에서 강의한 기억이 있다. 서울대학교에서는 성희롱·성폭력상담소의 외부자문위원이 되기도 하였다.

2년 임기의 위원회를 연임하여 4년간 봉사하였다. 회의자료가 엄청 많고 많은 경우에 비밀유지가 요구되었다. 회의 내용을 녹취하는 일도 많았다. 그만큼 민감하고 중요한 일들이었다. 하루 전에 이메일로 송달되는 수십 쪽에 달하는 회의록을 항상 숙지하고 회의에 갔다. 일부 위원들 특히 언론인이나 기업인 출신 위원은 사업과 일에 시간을 내기 어려운지 아니면 국가 위원회에 기여할 의지가 부족한 건지 회의록에 다 있는 내용을 또 묻고 또 묻고 한다. 답답한 이들을 많이 보았다. 출범 당시부터 위원으로 참여한 이유 때문인지 총리실에서 나를 포함한 4인에게 국가포상을 한다고 연락이 있었지만, 정권 말기라는 사정 때문인지 흐지부지 지나고 말았다. 아쉬움이 많았다.

그때 위원장이던 한덕수 장관은 이후 총리까지 되었고 퇴임 후 나와 함께 기후변화센터 이사회의 일원이 되었다. 좋은 인연인 것 같다. 또, 나처럼 그분 역시 제주도 명예 도민이었으므로 2019년 원희룡 제주지사의 초청 만찬에서도 뵐 수 있었다.

위원회는 위원장의 직급에 따라 위상이 결정된다. 복권위원회의 위원장은 총리실 국정실장으로 장관급이다. 내가 위원으로 활동하던 당시는 고건 총리와 한덕수 실장이 위원장이었다. 장관이 위원장이면 위원들은 한 직급 아래인 차관급으로 불린다. 복권위원이 해외 출장이면 차관급 대우를 받는다. 따라서 비즈니스석에 탄다.

흔히 국가위원회가 쓸모를 찾기 어렵게 많이 설치되고, 실제로는 개최되지 않아 이름뿐인 위원회를 두는 정부를 ad hoc state(임시변통 국가)라고 한다. 정부가 책임지고 결정을 내리지 못하니 외부 민간위원으로 구성된 위원회를 두고 필요할 때마다 임시변통으로 책임을 회피하는 정부를 칭한다.

내 기억으로 책임회피용으로 위원회를 많이 둔 정부는 김영삼 정부, 그리고 그 위원회의 결정을 의도적으로 많이 왜곡한 정부는 문재인 정부로 기억한다. 창피한 일이다.

다행히 내가 봉사했던 위원회들은 모두 실질적인 권한으로 부지런히 일했던 위원회들이라 자랑스럽다.

내 인생의 마지막 위원회는 녹색성장위원회이다. 마지막으로 봉사한 위원회라 더욱 자랑스럽다. 물론 한 일들을 포함해서.

녹색성장위원회와의 인연은 이렇다. 이명박 정부는 출범과 함께 국제기구 설립을 위한 물밑 작업을 시작하였다. 나와 일부 산림전문가들은 우리나라 녹화사업의 세계적인 성공사례를 기반으로 산림협력을 위한 국제기구의 설립을 청와대에 제안하였다(결국, 우리의 제안이 받아들여져서 GGGI[4]와 함께 AFoCO[5]가 대한민국이 설립한 최초의 국제기구가 되었다). 이를 계기로 청와대의 홍보비서관과 이제 막 출범한 정부의 현안에 대한 의견교류 기회가 잦았다. 녹색성장위원회의 비전과 역할을 충분히 이해하고 위원으로 봉사하기를 희망했고 그것이 현실화되었다. 녹색성장위원회는 총리가 공동위원장이므로 위원들은 장관급이 된다. 국가위원회에서는 최상위급인 셈이다.

위원으로 추천된 후보들은 위원으로 선정되기까지 다양한 기관으로부터 검증을 받게 된다. 물론 그것을 청와대 인사실에서 통합적으로 처리하는 것으로 알고 있다. 검증 과정에서 우연한 기회에 이화여자대학교의 최재천 교수를 뵐 일이 있었다. 내가 위원으로 추천받았다고 하자, 본인도 받았다며 걱정하셨다. 학교일(이화여자대학교에서 석좌교수로 여간 바쁜 분이 아니다. 물론 쉴 새 없는 강연 요청 외에도 국내외의 일이 많으시니), NGO 일 등 때문에 또 다른 국가위원회 봉사가 부담스럽다는 말씀. 그러면서 나더러 자네가(사석에서 나는 선배님으로 모신다) 위원회에 들어가 환경문제를 성실하게 다

<hr>

4 글로벌녹색성장연구소(Global Green Growth Institute)
5 아시아산림협력기구(Asian Forest Cooperation Organization)

뭐 달라고 부탁하셨다.

위원회 출범식이 기억에 오래 남았다. 청와대 영빈관은 처음이었다. 금속탐지기와 삼엄한 경비를 지나 행사장 입구를 통과하려는데 누군가가 나를 부른다. 놀랍게도 내가 약 10년 전 거의 1년 반 동안 K-TV의 한 농업방송에서 MC를 맡던 때 나를 자주 찍어주던 그 카메라 감독이었다. 얼굴만 기억이 날 정도로 방송일이 끝난 뒤로는 뵐 일도 없던 분이다. 너무 반가웠다. 악수로 간단히 인사하고 내 자리로 향했다.

사회자는 당시 녹색성장위원회의 출범을 기획하고 진행해 온 김상협 비서관이었다. 참석자는 줄잡아 100명이 넘는 듯하였다. 재경부, 국토부, 산업부, 농림부, 환경부 포함 5개 부처 장관들이 당연직 정부위원으로 참석하고, 민간위원 30명 정도가 자리에 둘러앉았다. 이름이 귀에 익은 국가 국책연구소장들과 공기업 사장들이 빼곡하게 배석하고 있다.

자리 배치에서 이명박 대통령이 앉은 자리는 커다란 원탁의 내 맞은편. 거리는 약 5m쯤. 직선거리로 가장 가까운 위치였다. 대통령의 인사말로 시작되어 관계 부처의 장관들이 각 부처의 녹색 비전에 대한 발표가 이어진다. 참석자가 많다 보니 시간이 늘어진다.

사회자가 참석자들의 질문 시간을 허용한다. 힘 있는 부서들이 앞다퉈 질문을 쏟아 낸다. 대충 내용은 엇비슷하다. '우리 기관은 정부의 녹색성장 비전과 취지를 빈틈없이 수행할 것입니다. 그러나 이를 위해 정부의 인력과 예산 지원이 절실합니다.' 결국 돈과 조직을 늘려 달라는 부탁의 말씀이다. 이런 질문 아닌 부탁이 약 1시간가량 이어졌다. 대통령이 다소 따분해하시는 듯했다. 마지막으로 소수의 민간위원들로부터 짧은 인사말이 진행되는 도중 나는 다소 과감하게 김상협 비서에게 1분만 시간을 달라는 부탁 아닌 강요를 한다. 김 비서가 불편해하는 심정이야 잘 알지만, 다시 억지를 부렸다. 집게손가락으로 '1분!'을 요구하며.

"대통령님, 저는 세계자연보전연맹의 이사인 김성일입니다. 각하의 녹색성장에 대한 철학과 비전에 마음 깊이 감사드리며, 제가 일하고 있는 국제기구를 통해 한국과 각하의 비전과 철학을 세계에 널리 알리는 일에 노력을 아끼지 않겠습니다. 감사합니다."

이렇게.

내 발언은 부탁도 질문도 아닌 돕겠다는 말씀이었고, 모두가 '저 친구 누구야?' 하는 분위기로 공기가 싸늘해졌다. 대통령은 책상 위에 놓인 위원들의 신상 자료를 확인한다. '저 교수는 누구인고?' 하는 표정으로.

이런 장면을 포함하여 나를 포착한 여러 장면이 언론에 보도되었다. 물론 K-TV의 카메라에 잡혀서. 카메라 감독의 선의에 찬 배려인 셈이다.

내 언론인 절친이 전화해서 '자네, 곧 장관으로 갈지 모르니 준비해!'라고 농담한다. 그때도 '뻔장관'이었다.

한번 조직에 들어가면 열심히! 나를 위함이 아니라 그 조직을 위해. 생존하라! 그러면 보상받는다. 언제? 그건 중요치 않다. 이런 노력이 실은 모두 나를, 그리고 너를 위함이니까. 녹색성장위원회 위원을 세 차례 연임했다. 이렇게 연임한 사람은 나를 포함해 세 명뿐이다. 위원장을 역임하신 양수길 박사와 서울대 문승일 교수가 나머지 두 분이다.

저탄소 에너지 분과에서 봉사한 위원회 활동 4년의 기간이 자랑스럽다. 그리고 한번 시작하면 끝까지 살아남아야 한다. 성공해서 오래가는 게 아니고, 오래가야 성공하는 거다.

나는 성공 바이러스 감염자다.

15

직감의 확률

나는 촉, 즉 직감이 없다. 뭔가 감으로 때려잡아 맞추는 능력이 없다는 이야기다. 중고등학교 시절 사지선다 시험에서도 촉으로 답을 선택해 득을 본 기억이 별로 없다. 이젠 과학이 아니라면 난 신뢰하지 않는다.

직감은 영어로 intuition 혹은 hunch 등으로 번역된다. 다소 거친 영어로는 gut feeling이라고도 한다. gut는 내장 혹은 배라는 뜻인데, 왜 배 속에서 촉이 나오는지는 나는 도무지 알 수가 없다. 브리태니커백과사전에서는 직감을 '논리나 경험 혹은 추론이나 관찰에 의하지 아니하고 얻게 되는 지식'이라고 정의하고 있다. 역으로, 과학은 '논리와 추론으로 과학적인 지식을 축적해 나가는 과정'으로 정의된다. 과학적 연구에서 가장 보편적인 것이 관찰에 의한 증거 확보이니 직감은 분명 과학자들이 선택할 지식 탐구의 방향은 아니다.

직감이나 촉을 믿지 않는 나에게 내장이 꿈틀거리던 상황이 딱한 번 있었다. 2008년 10월 스페인 바르셀로나에서 개최되었던 세계자연보전연맹(IUCN)의 총회에서 일어난 일련의 사건들은 촉이 아니고서는 설명되기 어려운 상황이었다.

IUCN은 4년마다 총회를 개최한다. 그리고 그 자리에서 국가와 기관 회원들의 투표를 통해 총재와 이사를 선출한다. 대개 전 세계에서 회원들과 참관인들이 10,000명 가까이 모이니 가히 세계 최고의 국제환경대회라고 할 수 있다. 나는 IUCN 산하 세계보호지역위원회의 정회원 자격으로 그 자리에 참석하였다. 당시까지 우리나라는 세계에서 가장 오래되고 영향력 있다는 IUCN에 이사 선출은 물론 사무국에 한국인 파견 등을 꿈도 꾸지 못하던 시절이었다.

회의장은 선거의 열기로 뜨거웠다. 3인의 회장 후보들의 약력과 공약이 적힌 대형 현수막들이 걸려 있었다. 한 명은 코스타리카의 환경부 장관 출신, 한 명은 환경법을 전공한 스페인 교수, 그리고 마지막 한 명은 인도의 환경부 장관 출신인 아쇼크 코슬라(Ashok Kosla) 박사인데, 미국 하버드대학교의 물리학 교수를 역임한 분이었다. 당시 미국 부통령이던 앨 고어(Al Gore)가 학생 시절 조교로 지도를 받은 적이 있어 지금도 두 사람의 친분이 두터운 것으로 알려져 있다.

현수막 앞에서 한동안 세 사람의 후보자를 쳐다보았다. 그러고는 갑자기 엉뚱한 생각을 하게 되었다. 이 중 한 분을 도와주자. 그러면서 한국에서 차기 총회를 열자고 부탁해 보자. 출국 전에는 상상도 해보지 못했던 생각을 하게 된 거다. IUCN과 인연을 맺은 지는 꽤 되니까 코스타리카와 스페인, 인도 친구들의 연락처를 일부 갖고 있었다. 코슬라 박사에게서 직감이 팍팍 느껴졌다. 이분이 차기 총재감이다. 즉시 대회장 근처의 전자 매장에서 가장 저렴한 선불 전화기를 샀다. 그리고 즉시 인도 친구에게 전화를 걸었다. 비노드(Mathur Vinod) 박사. 그는 당시 인도 국립야생동물연구소의 소장이었다. 나와는 동갑내기.

"자네 여기 와 있는 거 맞지? 사실 내가 코슬라 박사의 선거 캠프에서 동북아시아의 표를 끌어올까 하는데, 자네 생각은 어때?"

그날 오후 즉시 코슬라 후보와 면담을 하였다. 선거까지는 단 3일.

"저는 한국과 일본의 표를 확신합니다. 그리고 중국과 동남아시아의 표도 확보하도록 노력하겠습니다."

그분은 즉시 수락하셨고 내게 무엇을 도와주면 되겠느냐고 물었다. 나는 주저 없이 4년 후 열릴 차기 총회는 한국에서 개최하도록 도와 달라고 말씀드렸다. 몇 초 생각하시더니 쾌히 수락하시는 거다. 아시아에서 개최한 적이 없으니 충분히 가능한 일이라고 반응하신다.

수시로 연락하기로 하고 그분은 다른 미팅으로 급히 떠나셨다. 나는 곧바로 김지태 당시 환경부 자연보전국장에게 이메일을 썼다. 아쇼크 코슬라라는 후보자를 만났고 한국에서 희망하는 차기 대회를 지지한다고 하니 대회장에 도착하는 즉시 면담을 잡아 달라는 부탁을 드린다는 요지의 이메일이었다.

특정 국가의 후보를 지지하겠다는 구체적인 입장이 없었던 환경부로서는 반가운 일이었다. 다음 날 김 국장과 코슬라 후보자 간의 면담이 이뤄졌고, 내가 원하던 바대로 긍정적인 상호 입장의 확인과 함께 헤어졌다.

다음은 일본이다. Yoshida Masahito 츠쿠바대학 교수는 나와 오래 알고 지낸 지인으로 일본의 IUCN을 대표하는 인물이다. 일본 정부 역시 이번 선거에 특정 국가에 대한 지지 의사는 정하지 않았다고 한다. 다음 날 일본 대표단과 후보자의 면담을 성사시켜 그 자리에 배석하고, 긍정적인 대화로 마무리하였다. 이로써 내가 자신 있게 하겠다던 일은 다 마무리했다.

다음은 중국이다. 만만치 않다. 그리고 여러 동남아 국가들이다. 별로 소득이 없었다. 연락도 급한 일정에 잘 잡히지 않았다. 그러나 코슬라 박사는 단 이틀에 걸쳐 한국과 일본의 국가대표단과 면담을 주선한 나의 능력에 깊은 인상을 받은 것 같았다.

드디어 투표 날.

코슬라 후보자는 압도적인 득표로 총재가 되었다. 투표는 대회장에 등록된 단체와 국가의 대표가 한자리에 모여 전자식으로 시행한다. 세계자연보전연맹은 개인회원 자격이 없다. 전체 회원은 1,400개 기관으로, 그중에는 170여 개 국가 회원이 포함된다. 국가와 비국가 회원이 한자리에서 세계 환경문제를 논의하는 매우 독특한 조직이다. 그래서 유엔 총회에 참석하는 환경문제에 관한 유일한 비정부기구 옵서버였다. 투표장은 2,000석 규모의 대회장이었다.

과반 득표였으니 어쩌면 내 도움이 필요 없었는지도 모른다. 그러나 신임 총재와의 인연은 인연이다. 지금 대회장에서 대기하고 있는 2012년 차기 대회 유치 희망지인 제주도의 당시 김태환 지사가 내게 메시지를 전했다. 신임 총재를 면담하게 해 달라고.

신임 총재의 총재 수락 연설은 정말 압권이었다. 완벽한 영어로 (그냥 영어를 잘하신다는 말이 아니다. 문장과 단어, 뉘앙스까지 모든 것이 완벽했다) 세계 환경문제의 핵심과 세계에서 가장 크고 오래된 환경단체인 IUCN이 나아가야 할 방향을 제시하였다. 그리고 전원 기립 박수와 함께 연단에서 내려오셨다.

나는 내려오는 총재께 뛰어나갔다. 2,000명 대회장에서 지금은 총재의 발걸음에 모든 관심이 쏠려 있다. 총재는 나와 약 10명 정도의 최측근 사람들에 둘러싸여 축하 인사를 받았다. 나는 겨우 사흘 전에 처음 만난 사이 아닌가? 좁은 공간을 비집고 들어가 총재께 말씀드렸다.

"축하드립니다. 그리고 지금 대회장 밖에 대한민국 제주도지사가 뵙기를 희망하며 대기 중입니다."

총재가 선서와 이에 따른 행정조치를 마치고, 한 시간 후에 만나겠다고 하셨다.

코슬라 총재와 김태환 제주지사의 만남은 이렇게 이뤄졌다. 총재의 취임 후 첫 비공식 만남이 김 지사가 된 것이다. 총재는 매우 긍정적이었다. 그때까지 총회가 아시아에서 개최된 적이 없으니 한국은 좋은 대안이 될 거라고 언급했다. 그러면서 총회 개최지는 이사회의 결정 사항이니 장담할 수는 없으나 이사회 의장으로서 본인이 노력하겠다고 상세히 설명해 주셨다.

이렇게 해서 2012년 제주에서 개최된 IUCN 총회 유치 작전이 시작되었다. 개최지 선정을 놓고 여러 국가들과 쉽지 않은 경쟁을 거쳐, 환경부와 제주도의 노력으로 총회 유치에 성공하였다. 총회 준비와 진행에 정말로 수없이 많은 분들이 고생하고 노력하였다. 총회준비위원장으로 힘을 실어 주신 전 국무총리 이홍구 박사님께 감사드린다. 이 박사님은 내가 공부한 미국 예일대학교 선배로 그 일이 있기 전부터 이미 여러 번 인사를 드린 적이 있었다.

나의 직감에 의한 결정과 노력으로 그 이듬해에 IUCN 이사에 지명되었다. 당시 IUCN은 전 세계에서 지역별·인구별 배분 방식으로 28명의 이사를 직접 선거로 선출하고, 새롭게 구성되는 첫 번째 이사회에서 네 명의 지명 이사를 선임한다. 나는 총재의 추천으로 이사가 되었다. 실로 감격스러운 일이었다.

그로부터 4년간 힘들었지만 화려했던 나의 국제무대가 펼쳐지는 내 인생의 최대 사건 중 하나였다. 내가 이사로 합류하면서 제주도로 차기 총회 개최지를 유치하자는 한국 정부의 노력이 한층 쉽게 풀리기 시작한 거다. 모든 게 이사회의 결정이었으니까.

하버드대학 물리학 박사를 받은 후 교수, 유엔환경프로그램(UNEP) 국장, 인도 환경부 장관, 그리고 IUCN 총재를 지낸 코슬라 박사는 언제나 부족한 나를 격려해 주고 지도해 주셨다. 자주 뵙지는 못하지만 내겐 아버님과도 같은 분이다.

그리고 1년 뒤, 제주도가 개최지로 결정되었고 나는 김태환 지사의 추천으로 명예 제주도민이 되었다. 진정 명예스러운 일이 아닐 수 없다.

직감은 직감이다. 그러나 일생에 한두 번은 믿어볼 만하다. 만약 여러분의 배 속이 꿈틀거리며 뭔가를 느낀다면 직감에 따라 세게 밀어붙여라.

그리고 성취하시라.

16

첫눈맞춤

서양인을 대상으로 한 재미있는 연구가 있다. 여성의 사진을 남성이 본인의 의지대로 바라보게 한다. 이것을 몰래 카메라로 촬영한다. 연구 결과 8.2초 이상 여성의 사진을 쳐다본 남성들은 첫눈에 반했다고 느낀다고 한다. 반면 4.5초 이하로 쳐다보면 전혀 관심이 없었다고 한다. 눈 맞춤의 정도가 사랑에 빠짐을 결정하는 중요한 요인이라는 결론이다.

다른 연구도 있다. 영국의 울버햄프턴(Wolverhampton)대학과 스털링(Stirling)대학의 공동연구 결과이다. 연구 결과에 따르면, 실험 참가자들은 눈을 맞추며 화상통화를 한 상대방의 말을 잘 기억한다고 한다. 처음부터 끝까지는 물론 아니고 통화 시간의 30% 이상 눈을 맞추면 가능하다고 한다. 요즘처럼 화상회의가 뉴노멀로 정착되는 시기에 기억해 두면 좋을 법한 연구 결과이다. 만약 상대방이 회의 후에 오랫동안 당신의 말을 기억하기를 원한다면, 그들의 시선을 찾아 붙잡으면 된다. 기억과 인상은 눈 맞춤과 깊게 관여되어 있다고 한다.

왜 그럴까?

눈 맞춤은 우리 DNA에 깊은 뿌리를 둔다. 오랜 세월 전에 우리 선조들에게 맹수와의 눈 맞춤은 죽느냐 사느냐, 그리고 동료와의 눈 맞춤은 집단에서 관심을 받느냐 왕따가 되느냐의 심각한 차이를 의미한다. 눈동자가 하얀 유일한 영장류인 인간은 태어나서부터 엄마와 눈을 맞추며 지금의 사회적 동물로 성장해 왔기에 눈 맞춤은 그만큼 중요한 거다.

나는 국제회의에서 눈 맞춤의 중요성을 유재건 전 국회의원으로부터 배웠다. 1997년 말 중국에서 개최된 아시아 환경의원총회에 전문가 자격으로 유 의원과 동행하였다. 행사장은 중국이 자랑하는 명승지 계림. 당시 중국 총리인 리펑이 행사 조직위원장이었다. 한국의 대표단은 국회의원 3명, 보좌관 1명 그리고 나였다.

유 의원은 1990년대 TV 시사토론의 사회자로 최고의 인기를 누린 스타 변호사였다. 당시, 국민 모두가 밤늦도록 유 의원이 진행하는 시사토론을 지켜보았다. 한국에서 정치·사회적으로 무거운 주제를 다루는 토론 방송의 시청률이 유 의원 시절보다 높았던 적이 전무후무하다고 나는 믿고 있다. 정말 대단한 논리와 지식, 재담으로 토론자와 시청자를 휘어잡았다.

그는 연세대학교에서 개최한 고등학생 영어웅변대회에서 상을 받을 정도로 어려서부터 영어에 능숙했다. 내가 아는 사람 중 우리말과 영어를 가장 높은 수준으로 구사하신다. 게다가 일본어도 아주 유창하신 것 같다. 일본어 실력은 내가 평가하기 어려워 유창하시다는 정도로 그친다.

대회 첫날은 유 의원의 활약을 눈여겨보지 못하였다. 나와 동선이 달랐기 때문이다. 유 의원은 한국 의원단을 대표해 둘째 날 저녁 만찬에 첫 번째로 건배를 제의하게 되었다. 아시아 각국으로부터 약 200여 명의 국회의원이 참석한 자리. 자그마한 체구의 유 의원은 일어서자마자 첫 한마디의 말로 좌중의 폭소를 자아낸다. 그리고 약 3~4분의 축사가 이어진다. 나는 그렇게 유쾌하고 흥미진진한 멘트를 들어본 적이 없다. 사람들을 웃겼다가 곧 진지하게 만든다. 속된 말로 들었다 놨다 한다.

다음 날, 발표를 마친 나는 유 의원을 모시고 이곳저곳 대회장을 돌아다녔다. 엘리베이터를 탔다. 약 10여 명의 사람 중에서 유 의원이 가장 작아 보인다. 정중앙에 선 유 의원이 입을 여신다. 바로 옆에 서 있는 남성에겐,

"어제 당신의 발표 정말 좋았어. 아주 인상적이었지. Impressive!"

조금 몸을 돌려 한 여성을 마주 보며,

"오늘 당신의 패션은 정말 멋지네요. Gorgeous!"

정말 한 바퀴 몸을 돌리며 모든 이들과 눈을 맞추며 칭찬을 하신다. 일본 의원과는 일어로 하신다. 와! 내 인생에 처음 보는 상황이다. 나는 유 의원이 그들을 언제 만났는지 모른다. 하물며 그들의 발표나 패션을 신경 써서 챙겨 보았는지는 솔직히 회의적이다. 그러나 그들은 칭찬에 마냥 기뻐했고 한국에서 온 조그마한 정치인에게 커다란 호감을 느끼게 된 거다.

이 인상적인 광경은 이후 나의 국제기구 활동에 중요한 지침이 되었다. 유 의원께 진심으로 감사드린다.

나는 국제회의의 경험이 많은 편이다. 그러나 항상 나의 반사회적 DNA가 문제였다. 처음 보는 사람과 눈 맞추기를 꺼리고, 말을 트는 데 무척 힘들어한다. 그러나 이제부터는 나도 배운 대로 할 터이다.

네덜란드에 소재한 래드버드(Radboud)대학의 연구이다. 눈 접촉은 대개 갑작스러운 몸짓과 결합할 경우, 기억에 오래 남게 된다고 한다. 눈을 마주칠 때 찻잔을 잡는다든가 책을 편다든가 하는 행동이 좋은 자극이 된다는 거다.

2013년 파리에서 유네스코와 관련된 회의가 있었다. 약 100여 명이 참석. 그중에서 최고위급 인사는 프랑스의 퇴직 외교관으로 당시 유네스코 홍보대사로 활동 중인 여성이었다. 단아하게 차려 입은 그분을 첫날 회의 종료 후 만찬장에서 가깝게 뵐 수 있었다. 사람은 높은 자리에 오르면 외로워진다. 식사 때는 하물며 더하다. 아무도 쉽게 다가오려 하지 않는다. 나는 우선 그분과 가까운 거리를 유지하면서 기회를 엿보았다. 그리고 와인잔을 들고 동시에 고개를 돌리며 그분과 눈을 맞추었다. 그리고 더 가까이 다가갔다.

그리고 말했다.

"아까 회의장에서 축사 잘 들었습니다. 평소 홍보대사님 뵙고 싶었습니다. 저는 한국에서 온……."

사실 오늘 처음 뵙는 분이다. 그러나 뭐 그게 중요한 건 아니다.

반가워하시며 내게 와인잔을 맞부딪치신다. 그리고 명함을 주시며,

"파리에 오면 꼭 연락해요. 내가 도움이 될 거예요."

세계자연유산의 지정과 관리를 담당하는 유네스코와 나는 관련된 일이 많았다. 그분의 도움을 꽤 많이 받았다.

눈 맞춤과 조그만 행동의 연결은 기억을 오래가도록 만든다는 걸 입증한 거다.

2013년 미얀마의 수도 네피도에서 아세안 산림부문 국장급 회의(ASOF)가 열렸다. 그때 나는, 지금은 당당히 우리나라가 설립한 국제기구로 설립된 AFoCO(아시아산림협력기구)의 설립을 정부에 제안하고, 설립을 위한 국제관계와 국내 법규정에 대한 자문을 하고 있던 터라 산림청 대표단에 합류해서 회의에 옵서버로 참가하였다.

내겐 국제회의 참석에 원칙이 있다.

'회의 첫날 스쳐 지나가는 모든 이들과 반드시 눈 맞춤과 함께 간단한 눈인사를 한다.'

국제회의는 대개 3박 4일 수준으로 열린다. 그렇지 않은 경우도 물론 있겠지만, 대부분 회의에서 만나는 사람들은 서로 처음 보는 사람들이 다수이다. 처음 봤을 때 눈인사라도 하지 않으면 회의 기간 중 다시 만날 때 어색하다. 이러다 보면 회의 끝까지 인사도 없이 헤어지게 되고 만다. 국제 전문가들과 이런 식의 네트워크는 먼 장래를 볼 때 실패이다.

미얀마 회의는 그리 크지 않은 리조트에서 개최되었다. 나는 항상 대회 첫날 아침 일찍 식당에 간다. 식당이 문 열기 전에 맨 앞에 줄을 서서 기다리다가 들어간다. 입구에서 가까운 좋은 위치를 선점한다. 그리고 음식이 나오면 가능한 한 빨리 식사를 마치고 커피를 즐긴다. 뷔페식이라면 10분 이내로 모든 게 가능하다. 이제부터 식당에 들어오는 모든 회의 참석자들과 눈인사를 나눈다. 이런 회의의 참석자들은 자기 이름과 출신 나라를 적은 이름표를 목줄에 걸고 다닌다. 그걸 보고 인사하는 거다. 나는 편히 앉아 차를 즐기며 모든 참석자와 눈 맞춤 인사를 한다. 얼마나 쉽고 효과적인 방법인가?

그런데 어느 한 원탁에 유독 사람들이 10여 명 모여 앉아 있는 거다. 나는 궁금증에 다가가 인사하고 슬쩍 의자에 앉았다. 그리고 이야기를 듣기 시작했다. 그건 아세안 산림부문 회의의 실행위원들이었다. 오늘의 회의를 어떤 식으로 진행하고, 결과를 도출하며, 세세한 행사 진행의 룰 등을 논의하는 자리였다. 그들은 내가 10개 중 어느 한 아세안 회원국에서 온 신참 실행위원이라고 여겼는지 별로 문제 삼지 않았다. 나는 그 후 이틀간의 비공식 회의에 얼굴을 들이밀고 줄곧 참석하였고, 회의자료 등을 챙겨 산림청 담당자에게 전달해 주었다. 그때 미얀마 양곤 주재 한국대사관에서 참석한 한 외교관이 내게 보통 외교관보다 더 외교관답다고 말했다. 듣기 싫은 말은 아니었다.

눈 맞춤은 중요하다.

그런데 첫 번째 눈 맞춤은 더 중요하다.

17

강연은 과학

나는 대중강연을 즐긴다. 사람이 많을수록 신난다. 생각 없이 강단에 올라도 평소에 생각나지 않던 일들, 이름들까지 줄줄이 떠오른다. 그러나 준비 없는 강연은 당연한 실패다. 이론 중에서도 심리학적 이론에 입각한 준비가 필요하다.

청중은 두 부류로 구분한다. 자발적 청중과 비자발적 청중이다. 설명해 보겠다. 비자발적 청중은 말 그대로 강사에게 엮인 사람들이다. 대개 돈이나 성공을 위함이거나 학점 혹은 자격을 얻으려는 동기를 따른다. 대표적인 상황은 학교나 전문적인 모임이다. 그러나 자발적 청중은 영혼이 자유로운 청중이다. 뭔가 끝까지 있을 필요가 없고 흥미와 자기 계발을 위해 자리를 지킨다. 대개 공원이나 박물관 관람자이거나, 잘 봐줘도 집에서 TV를 보는 시청자 수준이다. 이들에게 같은 방식의 접근을 하면 강의가 성공할 확률은 0!

강의를 들을 때 어떤 정보에 가장 많이 영향을 받을까? 심리학 연구에 의하면 강의에서 배포되는 자료로 전달할 수 있는 정보는 겨우 7%에 불과하고 목소리도 38%밖에 전달되지 못한다. 1등은 시각 정보로 거의 55%에 달한다. 그러니 강의 도중 말 잘하는 것보다 시각 자료로 내용을 잘 전달하는 게 왜 더 중요한지 알 수 있다.

나는 대중강연을 하게 되면, 나와 같은 세션에 어떤 발표자가 있는지 사전에 충분히 검토한다. 만약 황우석 교수나 최재천 교수 같은 천재급 발표자가 내 앞뒤로 있다면 그날은 죽음이다. 어떠한 준비를 한다고 해도 별로 도움이 안 된다. 그들의 세계정상급 발표 내용과 아나운서급 언변을 생각한다면. 그러나 그런 일이 일어날 확률은 일생에 한두 번뿐이니 그걸 제외하고 생각해 보자.

오전과 오후에 각각 발표 세션이 있다고 치고, 각 세션에 기조연설이 대략 1시간, 그리고 한 사람당 30분 발표를 허용하면 대충 5~6명 정도가 된다. 그중에서 1등이 내 목표다. 1등이란, 발표자 비주얼, 비주얼 자료, 발표 내용 자체와 흥미와 호소력 등 총괄적으로 최고점을 받는 1등이 목표다. 하지만 여기서 내가 말하는 1등은 상대적인 1등이다. 모든 노력과 자원을 쏟아붓고 성취하는 1등은 별것이 아니다. 2등을 충분히 제칠 수 있을 정도면 된다.

발표자 중 대부분이 정지화면 PPT로 한다면, 나는 동영상을 포함한다. 대부분이 포디움 뒤에만 서 있는 수동적인 발표자라면, 나는 적극적으로 무대를 장악할 준비를 한다. 뭐, 이런 식이다.

엄청난 준비가 필요하다. 준비에 실패하면 실패할 준비를 하는 거다. 최소 네 번에 걸쳐 완전한 발표를 위해 총연습을 한다. 이때 큰소리로 진짜처럼 한다. 종알거리는 발표를 듣는 건 마이크를 사용하더라도 정말 짜증 나는 일이다. 시간을 정확히 지켜야 한다. 국제무대에서 발표 시간을 지키지 않는 건 마이크를 꺼 달라는 부탁이나 다름없다.

읽을 문장은 될 수 있는 대로 줄이고 대신 비주얼로 승부를 건다. 물론 미리 써 온 발표자료를 그대로 읽는 건 촌스럽다. 할 말은 당연히 외운다. 연습하면 30분 분량의 발표 정도는 외울 수 있다. 연습 중에 스마트폰으로 영상 촬영을 해서 본인의 약점을 보완한다.

인간의 기억은 흥미롭다. 1957년에 발표된 심리학 연구에 의하면 인간은 7가지 이상의 정보를 동시에 받아들이지 못한다. 다시 말하면 한꺼번에 7개 이내의 정보만 처리한다. 심리학에서는 이것을 매직 넘버라고 부른다. 7가지 정보는 위계적으로 내려가면서 확장될 수도 있다. 예를 들어, '사회주의는 나쁘다'라는 정보 1 아래에 1-1 사회주의로 가난해진다, 1-2 사회주의 실패 사례, 1-3 사회주의하의 인권 문제 등으로 최대 7개를 전달할 수 있다. 다시 위로 돌아가 전체 강의 중에는 주제 7까지 갈 수 있다. 이러면 총 49개의 세부정보가 전달되는 셈이다. 충분하다. 그러나 청중은 커다랗게 7개의 메시지를 기억한다는 이야기다. 이걸 명심하고 발표의 순서와 내용배열을 하면 성공한다.

1. 사회주의는 나쁘다
  1. 사회주의로 가난해진다
  2. 사회주의 실패 사례
  3. 사회주의하의 인권 문제
  4. …
  5. …
  6. …
  7. …

2. 주제 2
  1. 소주제 1
  2. 소주제 2
  3. …
  4. …
  5. …

강연은 결론을 우선으로 전달한다. 그게 가장 중요한 메시지니까. 그렇다고 청중이 이제 다 들었으니 일어나거나 하지는 않는다. 오히려, 연사가 무슨 말을 할지 모르는 채로 찔끔찔끔 듣게 되어 답답하면 자리를 떠난다. 이 결론적인 메시지는 영어로는 ice breaker(말 트기)와 섞어서 시작한다. 요즘 같아서는

"백신 개발로 이제 사람답게 모이는 게 곧 가능해지겠네요. 여러분도 즐거우시지요?"
라거나,

"오늘은 날이 정말 좋아 기분이 상쾌합니다."
처럼 누구나 공감이 갈 수 있는 이야기가 될 수 있다. 이어서 본론, 그리고 다시 결론을 마무리한다.

사실 내가 자주 사용하는 말 트기는 내 패션과 내 비주얼이다.

"여러분, 혹시 텔레비전에서 저를 보신 적 있으신지요?"
라고 말을 시작하면 졸던 청중이 갑자기 웅성거린다. '누구야, 저
사람?' 나는 곧바로,

"죄송합니다. 방송에 출연한 지 꽤 돼서 최근에 저를 보신 분이
별로 없을 겁니다. 하하!"
라면서 시작한다. 여성 청중이 다수인 경우라면,

"여러분, 이 옷은 오늘 발표를 위해 새로 산 거예요. 예쁘게 봐
주세요."

청중이 가지게 될 첫 이미지와 첫 관심 끌기가 중요하다.

대개 5분 정도 말하려면 700개의 단어를 사용한다. 물론 개인차
가 있으니 스스로 한 번쯤 확인해 볼 일이다. A4에 두 줄 간격으로
쓴 원고라면 보통 속도로 읽는 데 대략 3분 정도 걸리는 분량이다.
이걸 염두에 두고 발표 초안을 작성해야 한다.

발표 연습을 할 때 고려할 사항들이 있다. 우선 긴장감의 극대

화이다. 영어로 'butterflies in the stomach'이라는 표현이 있다. 직역하면 '배 속에 나비가 있다'라는 이야기인데, 배 속이 경직될 정도의 긴장감이라는 뜻이다. 리허설 때 배 속에 나비 몇 마리쯤은 넣고 해야 한다. 대충대충 하지 말라는 이야기. 왜냐하면, 긴장 감은 아드레날린 분비를 촉진하게 되고, 그것이 좋은 발표를 만들기 때문이다.

내 발표의 청중이 누구인지 반드시 확인한다. 사회·경제적 지표를 본다. 나이, 교육 수준, 성별, 직업 등이다. 개인적인 관심 영역까지야 잘 알 수는 없겠지만 최대한 노력해서 알아본다. 학생 시절 가장 힘든 발표는 교수님들 앞에서 하는 발표였다. 해당 분야의 최고 권위자들 앞에서 잘난 척하는 발표는 어불성설이기 때문이다. 반대로 발표가 너무 조심스럽거나 겸손을 떨면 들을 맛이 떨어진다. 청중은 강사의 잘난 척이 미우면서도 동시에 그런 점을 좋아하게 마련이다. 나보다 잘난 사람이 아니라면 내가 뭐 하러 남의 발표를 듣나?

연습 도중에 혹시 실수하더라도 "앗, 죄송합니다. 정정합니다." 같은 말은 연습하지 마라. 실제로 발표 도중에 청중은 강사의 실수를 감지해도 그 실수로 용서를 비는 강사는 좋아하지 않는다. 스크린에 잘못된 자료가 쓰여 있을 경우라 하더라도 실수를 자인하지 말고, 기억에 따라서 올바른 자료를 입으로 언급해 주면 된다. 청중은 '누군가 발표자료를 만들어 준 사람이 실수했겠구먼.'이라고 생각하고 넘어가 준다.

가능하다면(집에 레이저 포인터가 있다면) 포인터 사용법을 연습하라. 포인터마다 조작법이 다르긴 하니 할 수 있는 대로 여러 가지 포인터를 미리 사용해 보면 좋다. 내 경험으로 강의 시작 전에 "이 포인터 어떻게 써요?"라고 묻는 강사 중에 잘하는 분을 본 적이 없다. 대중강연은 프로답게 준비해야 한다.

또 포인터는 포인팅 하는 데 쓰는 물건이다. 돌리거나 줄 긋기용이 아니다. 의외로 연습을 많이 해야 한다. 10m 거리에서 포인팅 할 때 손 떨림이 청중에게도 느껴진다면, 미안하지만 실패다. 심리적인 불안감의 표출이기 때문이다. 이럴 경우 포인터를 쥔 팔꿈치를 포디움에 고정하고 하면 도움이 될 수 있다. 무대 위에 서 있는 상황이라면 다른 팔로 포인터를 쥔 팔을 고정하는 요령이 필요하다. 절대로, 포인터를 돌리거나 흔들거나 오랫동안 포인팅 하지 말자. 포인터를 따라 움직이며 스크린을 오랫동안 바라볼 청중의 눈을 배려하자.

자, 이제 준비는 끝. 강단에 설 차례다. 여기에도 사전 준비가 필요하다.

나는 반드시 사전에 발표장을 점검한다. 당일이건 전날이건. 내가 발표자로 앉을 자리에서 발표 연단까지 동선을 점검한다. 실제로 걸어 봐야 몸이 기억한다. 실수가 줄어든다. 그리고 포디움에 서본다. 내 시선은 어떻게 처리해야 할까? 스크린까지의 거리는? 혹시 내가 조작할 컴퓨터는 어디에 있는가? 포인터는 어떤 종류인가? 그리고 포인터를 쏴본다. 내 손 떨림은?

발표 당일. 긴장의 순간이다. 내가 첫 번째 연사가 아니라는 전제하에 멘탈 준비의 마지막 과정이 남아 있다.

내 앞 발표자의 발표가 시작되기 직전, 나는 자리에서 일어나 발표장 밖 조용한 장소로 이동한다. 이제 나만의 시간이다. 모든 기억을 더듬어 마음속으로 나만의 발표 시뮬레이션을 시작한다.

"여러분! 다음 발표자는 서울대의 김성일 교수입니다."

심장이 두근거리고 긴장이 고조된다.
나는 자리에서 일어나 주변에 가볍게 목례를 하고 포디움으로 이동한다. 동선은 이미 몸에 익숙하다.

포인터를 손에 잡고 조준 한두 번 한 뒤,

"여러분, 방금 소개받은 김성일입니다. 오늘 제 발표는⋯⋯."

여러 번 준비해 둔 기억 속의 슬라이드를 하나씩 꺼내 든다. 마치 진짜 자료를 넘기듯 한 장 한 장 넘기며 발표를 이어간다. 이제 점차 심장 박동이 정상으로 돌아온다.

마지막 슬라이드를 넘기며,

"여러분, 경청해 주셔서 감사합니다."

휴~! 이제 끝났다. 꼿꼿하게 허리를 곧추세우고 유유히 퇴장한다. 어물쩍 '감사합니다.'를 연발한다든지 내려올 길을 몰라 머뭇거리는 따위의 일은 내게 절대 허용되지 않는 일이다.

이제 다시 발표장으로 들어간다. 내 자리에 조용히 앉으니 내 앞 발표자의 마무리가 시작된다. 이렇게 준비는 모두 끝난다. 이제 결전만 남았다.

이내 사회자의 소개가 이어진다.

"여러분! 다음 발표자는 서울대의 김성일 교수입니다."

나는 이젠 긴장되거나 떨리지 않는다. 이미 마음속으로 한번 해본 발표를 다시 하는 것 아닌가?

이젠 소소한 것만 잘하면 된다. 예를 들어, 청중과 눈 마주치기. 이건 의외로 어렵다. 이럴 때, 난 그들의 코를 주시한다. 맘이 훨씬 편하다. 눈을 돌리면 내가 지는 거다. 처음부터 끝까지 청중을 왼쪽 끝에서 오른쪽 끝까지 차례로 응시하면서 발표한다. 물론, 미소 띠는 것을 잊지 않는다.

잘 아는 후배 동료의 자리를 눈으로 익혀 두고, 그곳을 자주 바라본다. 맘이 훨씬 푸근해진다. 그들이 '잘하고 있어!'라는 눈빛을 주면 그것은 금상첨화.

내가 1분 주저하고 실수하면, 100명 청중에게는 100분의 손실. 이게 진짜 프로의 생각이다.

발표는 준비이고, 발표는 과학이다.

벚꽃 대학

평소 내가 존경하는 오연천 울산대학교 총장이 서울대학교 총장
시절 내게 한 농담이다. 서울대에 5대 얼짱이 있는데 내가 그중 한
명이라고. 행정대학원의 박순애 교수가 한 명이고 또 그 유명한 조
국이 거기에 낀다고 한다. 나머지 두 명은 기억이 잘 나질 않는다.
박 교수는 자랑스럽게 현재 한국행정학회 회장을 맡고 있다. 환경
정책학계에서도 명성이 있는 분으로 나와 친분이 있다. 조국은 그
유명한 조국이다. 오 전 총장을 언급한 것은 아무리 생각해도 조
국과 내가 도대체 엮일 일이 없어서이다. 실은 잘 알지도 못하지
만 언급도 하기 싫은 이름이다. 그런 사람들 때문에 대학이 스러
져 가고 있다고 생각하고 있다. 그런데 갑자기 나한테 그가 고마

운 사람이 되었다. 나에게 올바른 사회가 중요함을 절실하게 알려준 사람이다.

사회학과 정치학의 논문은 많이 읽고 있지만, 최근처럼 사회와 정치에 관심을 가져본 적이 없었다. 내가 이 분야에 관심을 가지게 된 것은 다 조국 때문이다. 민주주의와 사회주의는 무엇인가? 자본주의와 공산주의는 무엇인가? 보수와 진보는 무엇인가? 진실과 거짓은 무엇인가?

내가 지금까지 어렴풋이 알고 있던 이런 이분법적 사회정치 제도와 가치를 통째로 뭉개 버린 장본인인 그가 서울대 교수다. 부끄럽기 짝이 없다. 겉과 속이 다르고, 과거와 지금이 다르다. 어디가 옳고 어디가 그른 것인지 그를 보고 있자면 도무지 알 수가 없다.

서울대에 적을 두고 있는 교수와 과학자들은 진리와 허구를 분리하고, 신호와 소음을 알아차리도록 훈련받은 최고의 엘리트들이다. 이들이 흔들리면 이 나라의 앞날은 암울하다. 하라는 연구와 교육은 제대로 안 하고 남의 일과 정치에 참견만 하는 교수들은 학교에 계속 남아 있을 이유가 없다. 서울대의 문제만이 아니라 우리나라 모든 대학의 문제이다.

벚꽃이 피는 순으로 대학이 문을 닫을 거라고 한다. 코로나 팬데 믹으로 이 현실이 생각보다 빨리 다가올 것으로 보인다. 정신을 차리지 않으면 대학들은 한 방에 훅 간다.

왜 이런 일이 벌어지는지 나는 안다. 고3 학생 숫자가 줄기 때문만은 아니다.

대학생들은 강의 시간에 모두 노트북 PC를 꺼내고 켠다. 대다수 학생은 멀티 플레이어이다. 동시에 여러 가지 일을 할 능력이 있다는 이야기다. 그런데 강의 중에 노트북은 해당 수업용이 아니라 스펙 쌓기 공부로도 쓰인다. 어차피 전공에 관심 없는 학생들에게 교수의 강의가 무슨 대수이겠는가. 그보다 취직이 중요하다는 건 수긍이 간다. 다 그렇게 산다고 해도 그래도 민족의 대학 서울대는 그래서는 안 된다고 생각하면 약간 서럽기까지 하다.

둘째는 연구비와 연구 방향의 왜곡이다. 언제부터인가 연구비는 연구재단에서 관리하는 것이 아니라 정부가 직접 한다. 모든 행정 부처에 연구비 관리 담당 공무원이 있다. 매년 각 부처가 필요로 하는 연구 분야를 정하고 연구비를 할당한다.

연구비를 받기 위해 교수들이 제안서를 정부에 제출하면, 해당 부처는 개중에 높은 평가를 받은 일부 교수에게 연구계획 발표를 시키고 평가한다. 이때에도 정부의 담당자가 꼭 참석해서 지휘·감독한다. 대개 사무관들이 들어온다. 제자 앞에서 연구계획서를 발표하게 되는 상황이 연출된다.

사실, 누구 앞에서 발표하느냐가 중요한 것은 아니다. 하지만 전반적인 연구의 방향이 정부에 의해 사전에 조정된다는 데에 문제가 있다는 말이다. 압축성장 시절에나 어울릴 법한 제도인데 우리나라는 아직도 그 틀 안에 갇혀 있는 거다.

더 심각한 건 이런 과정을 거쳐 결정된 순위가 장관실에서 바뀌는 경우다. 학자들 사이에서도 특정 정권의 국가위원회 활동에 참여하고 봉사한 집단은 이념이 다른 정권에서 어쩔 수 없이 불이익을 받는 것으로 알고 있다. 전문가를 전문가로 보지 않는 거다. 과학을 정치적으로 평가하고 이용한다는 말이다.

자, 연구비를 겨우 받아 수행하게 되면 연말에 30대의 사무관이 전화한다.

"교수님, 연구는 잘 진행되고 있지요? 연구성과는 계획서대로 나오는 거지요?"

뭐, 당연한 질문이지만 관련 분야 교수나 연구 평가자가 아닌 사무관에게 들으니 참으로 어색한 일이다.

셋째로 교수사회의 보수성이다. 정치적 의미의 보수성을 말하는 건 아니고, 조금 뒤처져 있다는 이야기다. 일반화하기는 어렵겠지만, 교수들은 대부분 본인이 잘 알고 있는 것을 강의한다. 너무 당연한 것처럼 들리지만 틀린 이야기다. 왜냐하면 세상이 너무 급변하니까.

교수사회는 대표적으로 '벽 쌓기 문화(wall culture)'가 있는 사회이다. 단단한 벽으로 둘러싸여 있어서 서로 무엇을 하는지 별로 관심도 없고, 설사 관심이 있다 하더라도 관여하기가 쉽지 않은 사회다. 개별 교수가 다 총장이고 다 학장이다. 그래서 오히려 대학이 크게 잘못될 일이 없기도 하지만, 빠른 변화를 기대할 수도 없다. 자연스럽게 도태되어 가는 거다.

하물며 최근 대법원의 판례에 따르면 교수의 연구업적이 나빠도 퇴직을 강제할 수 없다. 미국을 비롯한 선진국에서는 감히 상상도 하지 못할 일이다. 모든 대학이 인사위원회를 두고 연구업적도 검증하고 교수의 행실도 평가한다. 그리고 기준에 부합되지 못한 교수의 진급을 거부하는 결정을 내리고 학장, 총장에게 건의한다. 그렇게 일정 기간 내에 진급하지 못하면 과거에는 퇴직해야 했다. 하지만 지금은 건의로 끝이다. 해당 교수가 학교를 상대로 행정소송을 걸면 학교는 패소한다. 대법원의 판례 때문이다. 대학은 불량 교수를 해고할 수도 없단다. 이런 대학이 한국 외에 또 어느 세상에 있는지 모르겠다. 이런 상황에서 노벨상 수상을 바란다는 것은 언감생심이다.

마지막으로 교수의 위상 변화다. 국제기구들의 출현으로 교수나 박사 집단이 과학적 정보를 독점하는 일이 사라졌다. 모든 분야에 다자간 국제기구들이 존재한다. 거의 모든 국제기구들은 본 회의와 회장단을 보좌하는 과학기술자문위원회를 두고 있다. 이 위원회는 그 분야의 최고 전문가 집단으로 구성되는데, 주로 국제적으로 저명한 대학교수 혹은 국가 연구소의 박사들이다. 위원회의 역할은 현안에 대한 과학적 판단과 그것들을 묶은 일련의 보고서를 본회의에 제출하는 일이다. 회원국이 재정지원을 하고 위원회의 보고서는 국가의 담당 행정부서에 회람된다.

예를 들면, 유엔기후변화협약의 하부 조직인 '기후변화에 관한 정부 간 협의체', 즉 IPCC[6]에서는 다양한 보고서를 내놓는데 그 수준이 가히 최고이다. 의장은 우리나라 이회성 박사로 한 번 뵌 적이 있는데 대단한 석학이다. 나도 이 보고서를 강의 교재나 부교재로 사용했다. 대학교수의 역할이 남의 보고서를 읽고 이해하고 그냥 강의하는 거라면 심각한 문제다. 고등학교 선생과 다를 바가 없는 것이다.

자, 교수들의 문제는 이제부터 시작이다. 예전엔 정부에서 새로운 국제적 이슈가 발생하면 대개 교수들에게 문의하곤 했다. 하지만 지금은 교수들이 정부에 질문한다. 각 부처가 기구의 사무국 혹은 focal point이기 때문이다. 최근 기후변화 국제대회에서 무슨말들이 오고 갔는지, 과학기술자문위원회의 보고서 초안을 볼 수있을지 이런 것을 알아보려면 정부 부처에 문의하는 게 빠른 세상이 되었다.

행정부는 자체 기준에 의해 전문가 집단을 모시고 자문회의를한다. 이때 오신 교수들의 수준을 담당 사무관 서기관이 즉각 알아

---

6 기후 변화에 관한 정부 간 협의체(氣候 變化에 關한 政府間 協議體, Intergovernmental Panel on Climate Change, 약칭 IPCC)는 국제 연합의 전문 기관인 세계 기상 기구(WMO)와 국제 연합 환경 계획(UNEP)에 의해 1988년 설립된 조직으로, 인간 활동에 대한 기후 변화의 위험을 평가하는 것이 임무이다. IPCC는 연구를 수행하거나 기상 관측을 하는 조직은 아니다. 기후 변화에 관한 국제 연합 기본 협약(UNFCCC)의 실행에 관한 보고서를 발행하는 것이 주 임무이다. 2015년 당시 부의장이던 이회성이 2015년 10월에 의장으로 당선됨으로써 첫 한국인 의장이 되었다.(위키피디아)

차린다. 본인들은 세계적 석학들이 작성한 보고서를 이미 보고 또 국제회의 현장에서 국가대표로 참석한 이들이다. 국가 간 회의에는 연구비가 없어 못 가고, 정부의 대표자 명단에도 들지 못하니 대회에 초대받지 못해 가지 못한 교수들은 언론을 통해서 겨우 내용을 알게 된다. 정부가 예산과 조직, 법과 행정 그리고 이제는 정보까지 모두 독점한다.

지금 같은 방식의 대학은 이미 사회에서 존재의 의미를 잃어 가고 있다. 그 와중에 정부와 정치에 얼씬거리는 교수들은 벚꽃 피는 시간을 한참이나 앞당기고 있는 셈이다.

우리나라의 대학들이 자기 힘으로 개혁할 수 있을까? 나는 회의적이다. 대학 구성원들이 무능하기 때문만은 아니다. 이미 세상이 바뀌었기 때문이다.

떠나면끝

2020년 2월 29일 조기 은퇴.

갑작스러운 결정은 아니었다. 모든 게 모든 것에 연결된 세상에 단 하나의 이유로 결정되는 일이 어디 있을까?

내 두 아들은 미국에서 출생하고 성장기의 많은 시간을 미국에서 보냈다. 18세에 미국 국적으로 남기를 본인들이 희망했으니 그건 그들의 결정이다. 나는 그들의 결정에 별로 내가 영향받을 일이 없을 줄 알았다. 그런데 웬걸, 나이를 먹으니 걱정이 생겼다. 내가 더 늙어 아프기라도 하면 어쩌나? 누가 나를 돌보나?

그래서 65세 은퇴 후 기회를 봐서 미국으로 이주하는 것을 고려하기 시작했다. 2018년 2월 초에 드디어 이민변호사와 면담하였다. 미국이민은 크게 직계가족, 가족, 취업 그리고 추첨에 의한 네 가지로 구분하고 있다. 아들 둘이 다 미국 시민이지만 나는 가족 이민은 원하지 않았다. 트럼프가 짜증 난다고 지적한 것처럼 가족이 고구마 줄기처럼 줄줄이 이민 들어가는 것을 나도 원치 않았기 때문이다.

취업비자는 다시 여러 단계로 나뉘는데 E1~E5로 구분된다. 나는 E2로 고용기반 이민 2순위인 고학력 전문직 혹은 특별재능보유자 자격의 해당자였다. 1단계는 대충 아인슈타인급 과학자이거나, 올림픽 메달리스트급의 특별한 재능보유자 혹은 다국적기업의 이사급 이상이 이에 해당된다.

나와 한 시간가량 면담 후, 변호사는 내게 E1에는 50% 이하, E2로는 75% 이상 확률이 있다고 했다. 시작하였다. 준비서류가 장난이 아니었다. 준비하는 데 약 다섯 달이 걸렸다. 국제학술지 논문, 연구실적, 미국 취업 후 연구계획서, 연구와 관련된 상벌, 그리고 학계 권위자로부터의 추천장 등 챙길 문서가 수십 종이었다. 물론 범죄기록 등이 깨끗해야 함은 당연하다.

평생 교수로 연구 활동만 해온 내게 꼭 은퇴 준비를 시키는 것만 같았다. 모든 기록을 꺼내 살펴보고 정리했다. 부끄럽기도 하고 자랑스럽기도 한 내 인생의 흔적들을 모두 꺼내 먼지를 털고 다시 살펴보았다.

미국이민에는 시간이 오래 걸린다. 문서작업과 신청서 접수. 미국 정부의 서류 검토와 면접 확정. 여기까지 최대 2년이 걸린다. 면접 날짜 확정에 다시 최대 6개월이다. 그런데 2018년에 시작한 일이 서류접수 후 불과 1년도 채 안 된 2019년 중반에 1차 과정인 면접 확정까지 결정되었다. 너무 빠른 일정에 다소 당혹스러운 상황에 부닥치게 되었다.

'그래, 빠른 결정을 하자.'

그렇게 결심한 뒤로 2019년 중반부터 조기 은퇴를 구상하게 되었다. 평소의 희망이었지만 엄두도 못 내던 일이 이민 비자가 신속하게 처리되자 이제 현실이 된 것이다. 교수가 된 초기엔 50대 중반의 은퇴를 꿈꾼 적이 있기는 했지만, 이렇게 빨리 현실로 다가올 줄은 상상도 하지 못했다.

학장을 만나 조기 은퇴를 하겠다고 조심스럽게 의사를 전하고 행정적 절차를 밟기 시작했다. 서울대 교수의 조기 은퇴는 그리 흔치 않은 일이다. 특히 나처럼 다른 대학으로 옮기거나 불미스러운 사건 사고 때문이 아닌 자연발생적인 상황은 극히 드문 일이다.

10월 정도에 조기 은퇴에 따른 여러 가지 대학 차원의 행정적인 일과 내 개인적인 일들을 정리하고 마무리하였다. 마지막 숙제는 가르치고 있던 3명의 박사과정생과 1명의 석사생. 내 업계에서는 자식이라 부르는 대학원생들을 그냥 두고 떠나는 건 가슴 아픈 일이었다. 다행히 격려와 독려, 강요에 가까운 요청 등으로 박사 1명과 석사 1명은 무사히 졸업하였지만 2명의 남겨둔 박사들은 두고두고 내 마음의 짐이 되었다.

12월 초에 방을 비웠다. 모든 짐을 다 빼냈다. 정식 은퇴 3개월 전에 말이다. 교수들의 방 빼기는 게으르기가 이루 말할 수 없다. 퇴직 후 2년을 버티는 분들도 있다. 자기 후임이 오기 전까지. 이유는 간단하다. 내가 바라는 내 후임이 오지 않으면 안 나가겠다는 모종의 메시지다. 웃기는 일이다. 직장을 관두면 그날로 짐 싸는 다른 직장인들과는 다르다. 교수들만의 특권인가? 꼬리 물기, 인간 사다리 타기도 아니고 도대체 뭔지 모르겠다.

공부하는 일이 직업인 교수는 시간이 지날수록 진국이 된다. 그만큼 아는 게 많아지니까. 지식은 기하급수적으로 증대된다. 대학원생이 아무리 공부해도 지도교수를 뛰어넘기가 어려운 이유다. 그러다 보니 아직 일할 만한 건강한 나이에 퇴직하자니 억울하기도 하고, 자기의 영향력을 계속 이어가고 싶은 것이다.

조기 은퇴를 한다니 학장님과 부학장 세 분이 밥을 사겠다고 해서 기분 좋게 모였다. 이후 계획을 묻자 나는 우선 건강을 위해 그동안 하지 못했던 운동, 특히 골프를 많이 치겠다. 그리고 조그만 사업이라도 구상하겠다. 물론, 평생 공부한 전공과 관련은 없는 새로운 영역으로. 마지막으로 유튜버가 되겠다고 말씀드렸다. 모두 웃었다. DNA/RNA 첨단기술개발, 공동연구, 제자와 관련된 기업에 고문 취업 등 다 들어 봤지만, 당신 같은 사람은 처음이라고들 했다. 흠… 어쩌면 그럴 것이다. 나는 엣지맨이니까.

조기 은퇴를 하고 미국으로 가려니 두 분이 마음에 걸렸다. 어머니와 강창희 전 국회의장님이다. 노인성 건망증을 갖고 계신 어머니는 지금 충청도 깊은 산의 어느 절에 계신다. 어머니는 평소 절에 좋은 일을 많이 하셔서 절과 관계가 좋다. 스님과 수행자들이 독채에 사시는 어머니를 잘 보살펴 주고 계신다. 절에 머무르시는 게 어머니의 희망이니 그리 따를 뿐이다.

녹색성장위원회에서 처음으로 뵈었던 강 의장님은 그 이후로 내가 가장 존경하는 분이 되었다. 개인적인 관계도 참 신기하다. 의장님의 아버님 고 강진형 박사님께서는 일찍이 경복고등학교에서 교편을 잡으셨다. 내가 졸업한 학교이다. 그리고 이어서 서울대학교 농과대학의 교수로 이직하셨다. 내가 다녔던 바로 그 수원 캠퍼스의 교수셨다. 그 후 고향인 충청남도에 국립 종합대학 설립의 꿈으로 서울대 교수를 퇴직하시고 충남대 농대 학장으로 취임하셨다. 내가 박사학위를 받은 후 가진 첫 직장이 충남대 농대였다. 평소 테니스를 즐기던 강 박사님이 충남대 총장을 역임하면서 만드신 대회가 강 총장배 테니스 대회였다. 내가 충남대 교수 시절 우승하고 트로피를 받은 대회이다. 물론, 한 번도 뵌 적은 없지만 이렇게 닿은 인연으로 아버님 같은 느낌을 갖게 된 분이다. 수원캠퍼스의 관사에서 교수 재직 시절 낳으신 막내아들이 강창희 의장님이다.

나와는 개띠 띠동갑이니 큰형님 같은 분이다. 내가 감히 그분을 평가할 만한 위치에 있는 사람은 아니지만, 그분이야말로 항상 겸손하고 투명하고 어려운 일에 앞장서시는 분임에 틀림이 없다.

떠나면 잊는다. 질기게 이어지는 끈을 달고 다니지 않는다. 과거의 인연에서 뭔가 얻으려는 기대는 하지 않는다. 미래만 있을 뿐이다. 그렇게 광야에 하루라도 일찍 나가면 하루라도 먼저 적응한다.

대학교수 초년 시절 전국교수테니스대회에서 우승했다. 그 이듬 해에 테니스 라켓을 버렸다. 우승했으면 되었지, 더 이상 기대할 것은 또 뭔가? 물론, 혼자 운동 삼아 하긴 하지만 대회에는 그만이 다. 이젠 동네 골프대회에 나갈 준비로 몸만들기에 열중하고 있다.

초등학교, 중·고등학교, 대학교 졸업 후 동창회에 가급적 나가지 않는다. 모든 친목회 성격의 모임에는 더욱 가지 않는다. 이런 과 거지향적인 모임은 그뿐이다. 술 한잔에 혼자 오징어 씹는 일이나 별반 다르지 않기 때문이다. 물론 창의적인 모임에는 적극적이다. 뭔가 하나라도 배울 수 있으니까.

며칠 전, 강 의장님께서 내게 전화하셨다.

"김 박사, 잘 갔어!
새로운 인생에 도전하는 거야.
떠나면 잊는 거야."

두세 달에 한 번은 전화하시고 이렇게 격려하신다.

"난 요즘 달걀찜 만드는 비법을 개발했다네. 담에 서울 오면 내 비법을 공유하지."

식당 쉐프 수준의 요리 솜씨를 가진 분인데 이제 한 가지 메뉴를 더하셨다며 웃으시는 그분이 그립다. 어머니만큼 보고 싶다.

하지만 이제 내 조국의 나와 관련된 일들에는 미련이 없다. 내 가슴이 숯처럼 검어진다 한들, 머리에 열 받아 뚜껑이 열린다 한들 더 잘될 일도 더 이상 없다.

남자는 지나간 흔적을 남기지 않는 게 좋다. 조용히 사라지면 된다. 내 분야의 후배와 몸담았던 조직의 발전을 위해.

새하얀 거짓말

책을 쓰다 보면 거짓말을 하게 된다. 남보다 더 많이 알고 있는 것처럼 과시한다. 실수는 될 수 있으면 감추고 성공은 과대 포장을 한다. 그런데 그런 거짓말이 오히려 좋을 때도 있다. 책을 읽고 누군가가 용기와 희망, 영감을 얻어 더 행복해진다면 말이다.

내가 이 책을 통해 줄곧 던지고 싶은 메시지는 새하얀 거짓말이다. 스스로 인식을 조작하고 자기합리화를 하며, 거울 속의 자기를 통해 스스로 배우고, 인지 부조화를 이용해 행동을 조절한다. 이 모든 것은 더 행복해지려는 나 스스로에 대한 새하얀 거짓말의 연속이다.

하얀 거짓은 영어로 'white lie'라고 한다. 1741년 영국에서 출간된 〈젠틀맨스 매거진(Gentleman's Magazine)〉의 기사에서 하얀 거짓의 정의에 대한 언급이 처음 나온 것으로 알려져 있다. 이 기사에서 저자는 '멋진 여인은 선의의 하얀 거짓말과 못된 검은 거짓말을 분별한다.'라고 쓰고 있다. 하얀 거짓말은 자신을 과시하거나 상대방에게 상처를 입히려는 것이 아니라, 다소 멋진 이야기를 들려줌으로써 사람들을 즐겁게 하거나 힘든 부분을 보듬어 주기 위함이라고 정의하고 있다. 여기서 흰색은 순수와 선함을 의미하며, 검은색은 증오와 악의의 함축성을 가지고 있는 것으로 보인다. 그런데 우리에게는 검은 거짓보다는 새빨간 거짓이 색깔의 의미로 볼 때 더 와닿는다.

심리학자들이 발견한, 사람들이 하얀 거짓을 하는 동기는 네 가지로 구분된다.

첫 번째 동기는 상대방에 대한 배려이다. 사람들은 예의를 지키고 상대방의 감정을 해치지 않기 위해 하얀 거짓을 한다. 만약 당신 연인이 데이트가 지루했느냐고 묻는다면, 당신은 지루했다고 대답할 텐가? 나 같으면 당연히 즐거웠다고 말할 거다. 어차피 데이트에서 솔직함은 미덕이 아니다.

또 하나의 동기는 심리적 보상이다. 사람들은 자신의 연약한 이미지를 보호하기 위해 약간씩은 하얀 거짓말을 한다. 그렇게 열 내고 자랑하던 애인(soul mate)에게 일방적으로 차였더라도, 나라면 '우리는 성격의 차이로 헤어졌고 아직도 서로를 존중합니다.'라고 말하겠다.

세 번째는 권력에 대한 복종이다. 동서고금을 막론하고 반항적인 사람은 환영받지 못한다. 억지로 야근을 하면서도 부하 직원은 상사에게 행복하다고 말할는지 모른다. 요즘 세대는 안 그럴지 모르겠지만.

마지막으로, 사람들은 관계 안정을 위해 하얀 거짓말을 한다. 갈등을 피하고 조화로운 관계를 위해서. 남편은 신앙심이 깊은 배우자와 원만한 관계를 위해 종교적 신념이 깊은 척할 수도 있다.

나는 이 책에서 위의 네 가지 동기를 다수의 장(chapter)에 적용할 수 있다. 상대방 배려 동기는 '19장 떠나면 끝'에서, 심리적 보상 동기는 '8장 참된 모방'과 '11장 인지 부조화'에서, 복종 동기는 '14장 생존 바이러스'와 '15장 직감의 확률'에서, 관계 안정 동기는 '5장 망각 인간' 등에서 잘 나타난다. 다른 장들도 조금씩이라도 위 네 가지 거짓 동기에 연루되어 있다. 그러니 내 책이 온통 새

하얀 거짓이라는 거다.

이 책을 읽어 주신 여러분께 감사드린다. 비록 나 자신에게 하얀 거짓을 거침없이 해가며 행복하게 성공하려 했던 인생이야기를 엮은 책이지만, 이 속의 내용은 모두 팩트이고 또 언급된 분들의 이름도 모두 실명이다. 허락 없이 실명을 거론한 것이 결례가 아니기를 바라며 한 분 한 분께 진심으로 감사드린다.

동시대의 동료들은 그냥 '이런 친구가 있었구나.' 싶은 조그만 미소로 보아주시고, 선배님들은 '허둥지둥 열심히 산 후배가 있었구나.' 하는 격려의 마음으로 보아주시고, 마지막으로 아직 젊은 후배들은 한 줄 한 줄 꼼꼼히 읽어 혹시라도 배울 게 있으면 챙기시라.

잘 부탁드립니다.

감사합니다.

김성일

· 끝내며 ·

사랑하는 아내와 친구들에게 드립니다.

쌤, 그레이스, 유전 그리고 임천과 동곡